AF131973

Sonderseiten

Methoden-Seiten: Hier kannst du Arbeitsmethoden kennenlernen und einüben.

METHODE

Extra-Seiten zeigen Anwendungsbeispiele oder vertiefen ein spezielles Thema.

EXTRA

Auf einen Blick: Diese Seiten fassen das Wichtigste zusammen. Das hilft beim Lernen und Wiederholen.

AUF EINEN BLICK

Trainer-Seiten: Hier kannst du das Gelernte anwenden. Dabei merkst du, ob du alles verstanden hast.

TRAINER

Zusammenfassung

Fragen zum Text:
Einfache Fragen zum jeweiligen Thema

Weitere Aufgaben:
Sie führen das Thema weiter oder fragen etwas ab.

Hilfe 1

Schlag nach auf Seite ...: Wenn du eine **Trainer-Aufgabe** nicht gleich lösen kannst, solltest du im Buch nochmal nachlesen. Die passenden **Seitenzahlen** findest du in der **Tabelle** am Ende einer Trainer-Seite. Beispiel:

Aufgabe	Hilfe auf ...	Aufgabe	Hilfe auf ...
1 a, b	S. 50	5 a	S. 58
1 c, d	S. 52	5 b	S. 59
2	S. 51	5 c	S. 60
3	S. 54	6 a, b	S. 62, 63
4	S. 56, 57	6 c	S. 65

Hilfe 2

Lösungen zum Trainer: Lösungsvorschläge zu den **Trainer-Aufgaben** findest du am Ende des Buches ab S. 126.

Lösungsvorschläge

NATUR *Plus* 5

Ein Lehr- und Arbeitsbuch

5. Schuljahr

Schroedel
westermann

NATUR *Plus* **5**

Herausgegeben von:
Dr. Bernd Grunwald

Bearbeitet von:
Dr. Bernd Grunwald
Franz Morawietz
Walfred Schlicker
Florian Stief
Thomas A. Ziegler

Berater:
Tina Acham
Sebastian Oberhansl

unter Mitarbeit der Verlagsredaktion

mit Beiträgen von:
Waltraud Müller, Dr. Karl-Heinz Scharf, Dr. Georg Schulz, Anton Zenz

Grundlayout und Umschlaggestaltung:
LIO Designagentur, Braunschweig

Grafik:
Jan Bintakies, Franz Domke, Brigitte Karnath, Heike Keis, Liselotte Lüddecke, Karin Mall, Thilo Pustlauk, Birgit und Olaf Schlierf, Ingrid Schobel, Thies Schwarz, Werner Wildermuth

© 2017 Bildungshaus Schulbuchverlage Westermann Schroedel Diesterweg Schöningh Winklers GmbH, Georg-Westermann-Allee 66, 38104 Braunschweig
service@westermann.de, www.westermann.de

Das Werk und seine Teile sind urheberrechtlich geschützt. Jede Nutzung in anderen als den gesetzlich zugelassenen bzw. vertraglich zugestandenen Fällen bedarf der vorherigen schriftlichen Einwilligung des Verlages. Wir behalten uns die Nutzung unserer Inhalte für Text und Data Mining im Sinne des UrhG ausdrücklich vor.

Druck A^5 / Jahr 2025
Alle Drucke der Serie A sind inhaltlich unverändert.

Druck und Bindung: Westermann Druck GmbH, Georg-Westermann-Allee 66, 38104 Braunschweig

ISBN 978-3-507-**76560**-3

INHALT

Fachräume für die Naturwisschenschaften haben viele Besonderheiten. In diesen Räumen gibt es Anschlüsse für Wasser, Strom und Gas. Zudem finden sich hier einige Einrichtungen, die der **Sicherheit beim Experimentieren** dienen.

Notruf-Telefon
112 Feuerwehr, Rettungsdienst, Notarzt
110 Polizei (Notruf)

NOT-AUS-Schalter
Den gelben NOT-AUS-Schalter mit rotem Knopf findest du neben den Türen und am Lehrerpult. Drückt man den roten Knopf, werden alle Gas- und Stromleitungen im Raum unterbrochen.

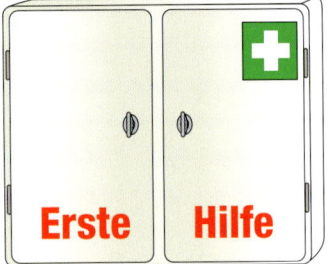

Erste-Hilfe-Kasten
In diesem Kasten findest du Verbandsmaterial für kleinere Verletzungen.

Fluchtweg
Dieses Hinweisschild zeigt den Fluchtweg ins Freie.

Löschsand, Feuerlöscher und Löschdecke
Einen kleinen Brand löscht die Lehrkraft mit Löschsand, Löschdecke und Feuerlöscher. Bei größeren Bränden muss in jedem Fall rasch die Feuerwehr verständigt werden.

Gefahrensymbole
Auf manchen Chemikaliengefäßen sind Gefahrenpiktogramme abgebildet. Diese Hinweise müssen unbedingt beachtet werden.

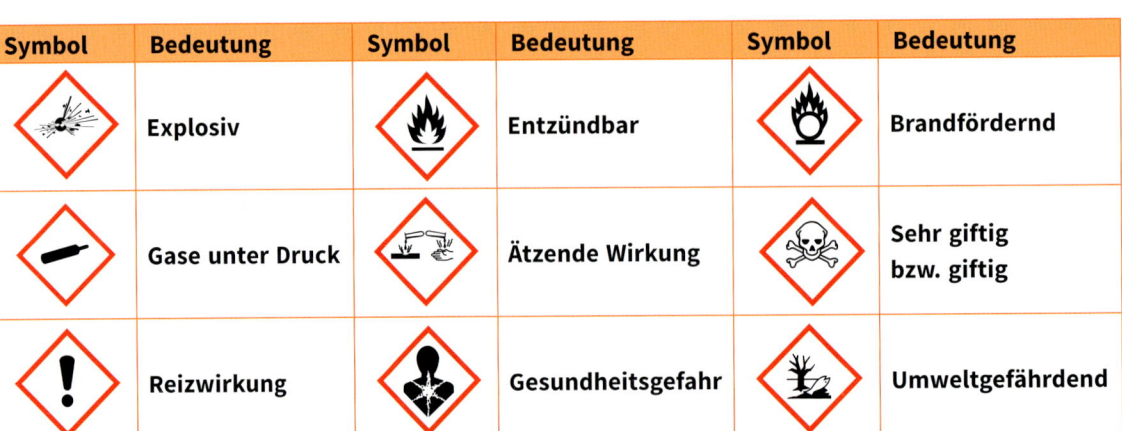

Symbol	Bedeutung	Symbol	Bedeutung	Symbol	Bedeutung
	Explosiv		**Entzündbar**		**Brandfördernd**
	Gase unter Druck		**Ätzende Wirkung**		**Sehr giftig bzw. giftig**
	Reizwirkung		**Gesundheitsgefahr**		**Umweltgefährdend**

1 Fachräume für Naturwissenschaften dürfen nur in Gegenwart einer Aufsichtsperson betreten werden. Dort darf nicht gegessen und getrunken werden.

2 Alle Experimente dürfen grundsätzlich nur mit Schutzbrille ausgeführt werden! Beim Umgang mit offenen Flammen sind die Haare so zu tragen, dass sie nicht in die Flammen geraten. Tücher und Schals dürfen nicht getragen werden. Schnüre an Kleidung müssen eingesteckt werden.

3 Die Versuchsanleitung muss vor Beginn eines Versuches sorgfältig gelesen oder besprochen werden. Sie muss genau befolgt werden.

6 Geschmacksproben dürfen im Fachraum nicht durchgeführt werden. Den Geruch stellt man nur auf besondere Weise durch vorsichtiges Zufächeln fest. Chemikalien fasst man nicht mit den Fingern an.

7 Chemikalien dürfen nur in Gefäßen aufbewahrt werden, die eindeutig und dauerhaft beschriftet sind und die vorgeschriebenen Gefahrensymbole aufweisen. Gefäße, die zur Aufnahme von Speisen oder Getränken bestimmt sind, dürfen auf keinen Fall für Chemikalien verwendet werden.

8 Bei chemischen Versuchen arbeitet man möglichst mit wenig Chemikalien, so wie es in der Versuchsanleitung angegeben ist. Nach dem Gebrauch werden Chemikaliengefäße sofort wieder verschlossen.

4 Alle benötigten Geräte und Chemikalien werden vor der Durchführung des Versuches bereitgestellt. Ohne Genehmigung des Lehrers dürfen diese nicht berührt werden.

5 Die Geräte müssen in sicherer Entfernung von der Tischkante standfest aufgebaut werden. Der Arbeitsplatz soll sauber und aufgeräumt sein. Die Geräte werden nach dem Versuch gereinigt und wieder weggeräumt.

B2
GIFTIGE
ANORGANISCHE
STOFFE

9 Chemikalienreste gibt man nicht in die Vorratsgefäße zurück. Sie werden in Abfallbehältern gesammelt. Reste dürfen nur auf Hinweis des Lehrers in den Papierkorb oder Ausguss gegeben werden.

Die Sonne ist eine riesige Kugel aus glühenden Gasen

In ihrem Innern herrschen unvorstellbare Temperaturen von 15 Millionen Grad Celsius. Da ist es ganz gut, dass sie 150 Millionen Kilometer von der Erde entfernt ist.

Erst das Licht und die Wärme der Sonne ermöglichen das Leben auf der Erde.

Lebensgrundlage Sonne

Energie von der Sonne

Die Sonne liefert uns Licht und Wärme frei Haus, geräuschlos, ohne Abgase.

Diese Energie lässt sich vielfältig nutzen:

Sonnenkollektoren und Solarkraftwerke nutzen die Wärme der Sonne. Solarzellen liefern uns elektrischen Strom – natürlich nur, wenn die Sonne auch scheint.

Die Haut ist unser Fenster zur Umwelt

Über sie nehmen wir viel von unserer Umwelt wahr. Doch vor zu viel Sonne müssen wir unsere Haut schützen. Eine Sonnenbrille und ausreichend Sonnencreme ist schon richtig. Überlegt gemeinsam: Wie kann man sich zusätzlich noch vor der Sonne schützen?

Zur Mittagszeit sollte man die direkte Sonne am besten meiden, denn da scheint sie am kräftigsten ... sonst hat man bald einen schmerzhaften Sonnenbrand.

ENTDECKE...

- die Bedeutung der Sonne für unser gesamtes Leben
- wie Tag, Nacht und die Jahreszeiten entstehen
- worauf du bei Temperaturmessungen achten musst
- die Haut als wichtiges Sinnesorgan
- wie wir die Haut vor der Sonne schützen müssen
- wie sich Stoffe beim Erwärmen verändern
- wie Wärme transportiert wird
- wie Lichtstrahlen sich ausbreiten
- dass sich weißes Licht in farbiges Licht zerlegen lässt
- wie wir die Farben von Gegenständen erkennen
- wann jemand eine Brille benötigt

1 Globus und Taschenlampe als Modell für Erde und Sonne: Dort, wo das Licht auf die Erde trifft, ist Tag; auf der dunklen Seite ist dann Nacht.

1 Tag und Nacht – an einem Globus

a) Ein Globus ist ein Modell der Erde. Beschreibe kurz, was du bei einem Globus sehen kannst.

b) Sucht gemeinsam Deutschland auf einem Globus. Markiert die Stelle mit einem Haftzettel.

c) Verdunkelt das Klassenzimmer. Leuchtet mit einer Lampe auf den Globus. Dreht die Erdkugel langsam gegen den Uhrzeigersinn. Welche Tageszeit haben wir, wenn der Haftzettel ins Licht kommt?

d) Begründe, welche Tageszeit wir haben, wenn der Zettel in den Schatten kommt.

e) Die Achse, um die sich ein Globus dreht, ist schräg gestellt. Was vermutest du, warum ist die Achse schräg eingebaut worden?

2 Jahreszeiten

a) Aus welchen Jahreszeiten könnten die Abbildungen 2 bis 4 stammen? Diskutiert darüber.

b) Gebt jeweils drei Monate an, die zu den Jahreszeiten Winter, Frühling, Sommer und Herbst gehören. Beginnt mit dem Dezember.

c) Besprecht jeweils zu zweit, wie sich die vier Jahreszeiten unterscheiden. Denkt an die Tageslänge und an die Temperatur.

d) Lest aus Bild 1, Seite 11, ab, welche Jahreszeit bei uns am 21. März beginnt. Welche beginnt am 21. Dezember?

Die Erde bewegt sich. Für uns geht die Sonne im Osten auf. Dann bewegt sie sich nach Süden und geht im Westen unter. Es sieht so aus, als ob sich die Sonne um die Erde bewegt. Doch **in Wirklichkeit bewegt sich die Erde,** die Sonne steht still.

Tag und Nacht, weil die Erde sich dreht. Innerhalb von **24 Stunden,** also in **einem Tag,** dreht sich die Erde einmal um ihre Achse. Die Erdachse ist eine gedachte Linie, die vom Nordpol zum Südpol geht. Wir (und alles was uns umgibt) drehen uns dabei mit. Deshalb bemerken wir von der Bewegung nichts. Mit einem Globus können wir zeigen: Es wird immer nur **eine Hälfte** der Erde von der Sonne **beschienen**. Auf ihr ist es dann **hell**, es ist also **Tag**. Die andere Seite der Erde ist dann von der Sonne abgewandt. Dort ist es deshalb **dunkel**. Es ist also **Nacht**.

2 bis 4 In jeder Jahreszeit kann man andere Beobachtungen machen

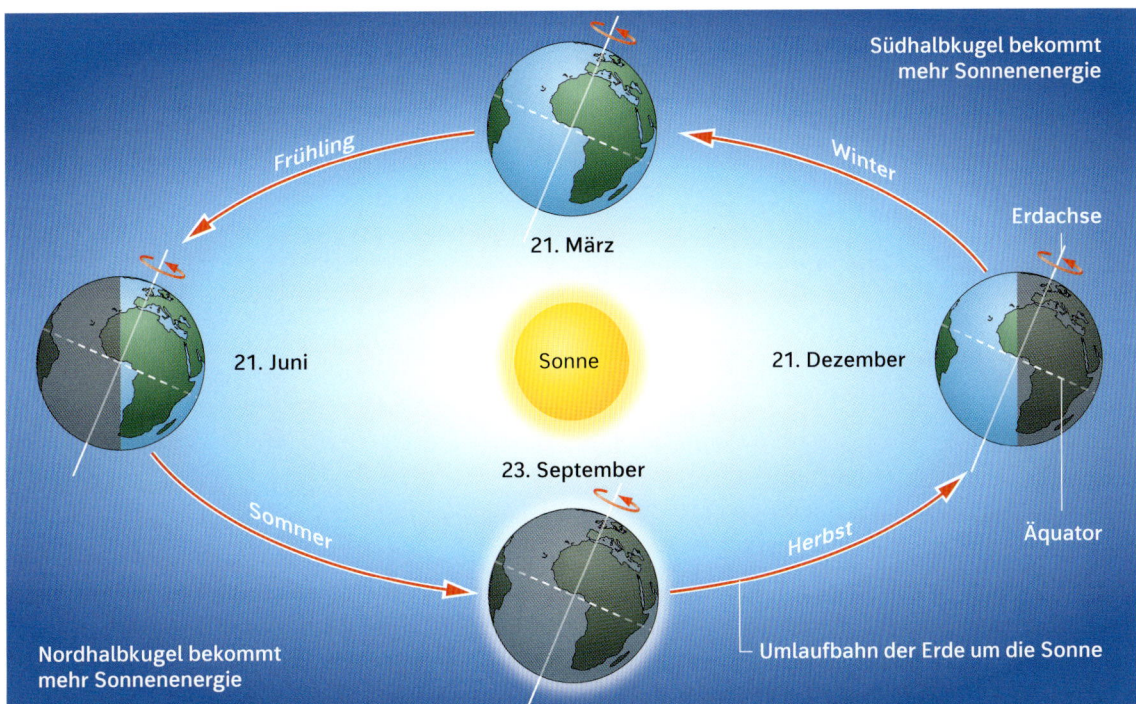

1 *Jahreszeiten auf der Erde (Äquator: gedachte Linie zwischen der Nord- und der Südhalbkugel der Erde)*

Jahreszeiten – weil die Erdachse schräg steht. Die Erde dreht sich nicht nur um die eigene Achse. Sie bewegt sich außerdem auf einer **Bahn um die Sonne.** Dazu braucht sie **ein Jahr**, also 365 Tage.

Die **Erdachse** steht nicht senkrecht zur Umlaufbahn um die Sonne. Sie ist **leicht geneigt**. Das kannst du oben in Bild 1 sehen oder bei dem Globus auf der linken Seite.

Weil die Erdachse geneigt ist, erhält die Erde unterschiedlich viel Licht und Wärme: Drei Monate lang ist die Nordhalbkugel, da wo wir leben, **mehr der Sonne zugeneigt**. Dann ist es bei uns **wärmer** und die Tage sind **länger**. Wir haben **Sommer**.
Gleichzeitig wird die Südhalbkugel dann weniger stark bestrahlt. Es ist dort **nicht so warm** und die Tage sind **kürzer**. Die Südhalbkugel hat **Winter**.

Ein halbes Jahr später ist es umgekehrt: Auf der Südhalbkugel ist es Sommer, bei uns Winter.
Im Frühling und im Herbst werden Nord- und Südhalbkugel etwa gleich stark beschienen.

MERKE

▶ In 24 Stunden dreht sich die Erde einmal um sich selbst. Wo das Sonnenlicht die Erde trifft, ist es Tag. Wo es dunkel ist, ist Nacht.
▶ Die Erde bewegt sich im Laufe eines Jahres einmal um die Sonne.
▶ Durch die Neigung der Erdachse kommt es zu den verschiedenen Jahreszeiten.

1 Fragen zum Text
a) Erkläre, wie es zu Tag und Nacht kommt.
b) Wann ist ein Jahr vergangen?
c) Nenne die Ursache für die verschiedenen Jahreszeiten.

2 Jahreszeiten
a) Welche Jahreszeit ist bei uns, wenn die Nordhalbkugel mehr der Sonne zugeneigt ist?
b) Jemand behauptet: „Die Jahreszeiten entstehen, weil die Erde verschieden weit von der Sonne entfernt ist." Was meinst du dazu?

Warum ist es auf der Erde unterschiedlich warm?

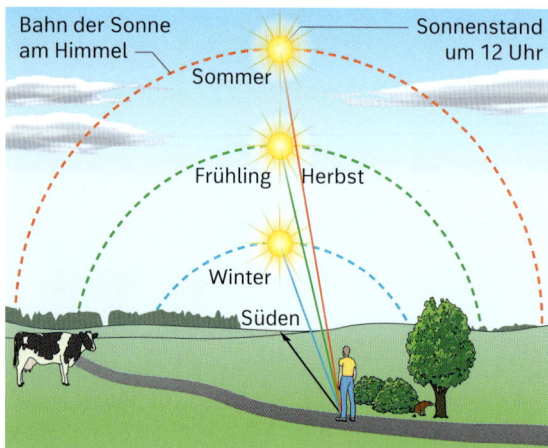

1 Im Sommer scheint die Sonne länger als im Winter

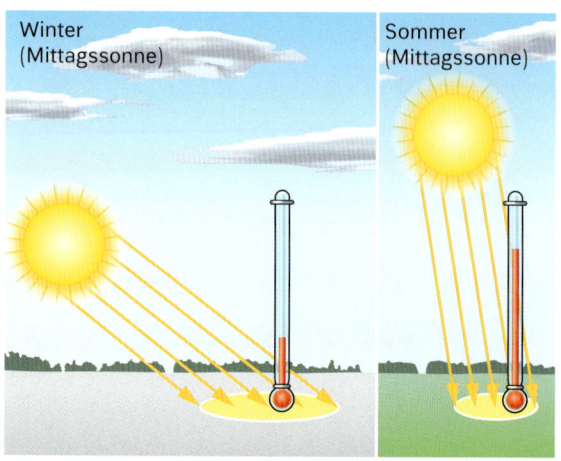

2 Im Sommer wirkt die Sonne auf eine kleinere Fläche

Unterschiedlich warm in den Jahreszeiten. Du weißt, dass es im Sommer wärmer ist als im Winter. Du hast auch schon gehört, dass die Achse der Erde schräg steht. Wie führt diese schräge Achse aber zu unterschiedlichen Temperaturen?

Die Antwort lautet: Es kommt darauf an, **wie steil** die Strahlung von der Sonne auf die Erde trifft.

- Im Sommer steht die Sonne **höher** am Himmel. Die Strahlung erwärmt den Boden **stark**.
- Im Winter steht die Sonne tiefer. Es kommt zwar gleich viel Sonnenstrahlung auf der Erde an, doch sie verteilt sich nun auf eine **größere Fläche**.

Deshalb ist es im Sommer wärmer als im Winter.

Zu den Polen hin verteilt sich die Sonnenstrahlung auf eine größere Fläche. Deshalb ist es dort kühler.

Strahlung von der Sonne

Äquator

Am Äquator verteilt sich die Strahlung auf eine kleinere Fläche. Dort ist es daher stets heiß.

Unterschiedlich warm am Äquator und im Norden. Im **Norden** Europas, also zum Beispiel in Schweden, ist es im Durchschnitt **kühler** als in Deutschland. Weiter **südlich** ist es aber **wärmer,** etwa am Mittelmeer oder in Afrika. Woran liegt das?

Wegen der Kugelform der Erde verteilt sich die Strahlung der Sonne auf unterschiedlich große Flächen auf der Erde:

- Am Äquator fällt die Strahlung sehr **steil** auf die Erde, die getroffene Fläche ist **klein.** Das führt zu **hohen Temperaturen.** Am wärmsten ist es dort, wo die Sonne etwa senkrecht auf die Erde trifft.
- Zu den Polen hin fällt die Sonnenstrahlung **flach** ein. Die getroffene Fläche ist **größer.** Das führt dazu, dass es dort **nicht so warm** wird.

1 Beschreibe kurz mit eigenen Worten, was die Abbildungen auf dieser Seite zeigen.

Wir bauen ein Modell von Erde und Sonne

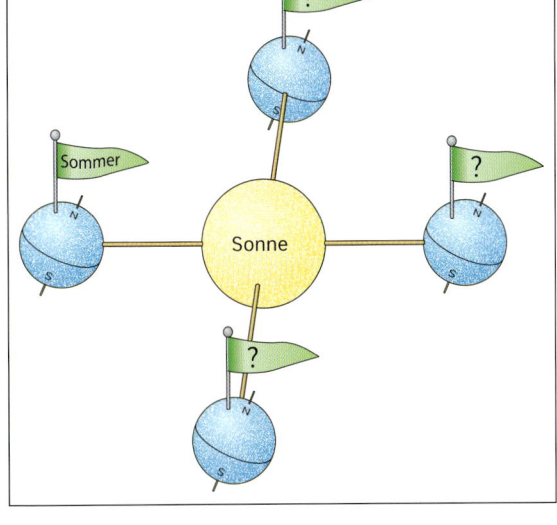

Modell für die Jahreszeiten. Wer besser verstehen will, wie die Jahreszeiten auf der Erde entstehen, kann ein **Modell** von Erde und Sonne bauen.

Bei unserem Modell stimmen allerdings die Größenverhältnisse nicht mit der Wirklichkeit überein:
• Wenn wir für die Sonne eine Kugel mit 10 cm Durchmesser wählen, dann dürfte der Durchmesser der Erde in unserem Modell nur knapp einen Millimeter groß sein. Das wäre aber im Modell zu klein.
• Der Abstand zwischen Erde und Sonne müsste über 100 m lang sein. Das wäre für ein Modell viel zu groß.

Material: 1 Styroporkugel (etwa 10 cm Durchmesser), 4 Styroporkugeln (etwa 5 cm Durchmesser), 4 Holzspieße (10 cm lang), 2 Holzrundstäbe (etwa 1 m Länge, Durchmesser 5 mm), Abtönfarben oder Wasserfarben, Pinsel, schwarzer Filzstift, kleine Klebezettel.

Durchführung: Male die große Kugel gelb an. Die vier kleineren Kugeln werden blau angemalt. Sie sollen die Erde darstellen.
Stecke durch jede kleine Kugel einen Holzspieß als Erdachse. Markiere auf jeder Erdkugel den „Äquator". Kennzeichne den Nordpol mit einem „N" und den Südpol mit einem „S".

Stecke durch die „Sonne" kreuzweise die beiden Rundstäbe. Befestige nun die vier „Erdkugeln" an den Enden der Stäbe. Achte dabei auf die Schrägstellung der „Erdachsen". Die Holzstäbe müssen stets in dieselbe Richtung zeigen.
Nun hast du ein Modell, das dir zeigt, wie die Erde in den vier Jahreszeiten zur Sonne steht.

Aufgaben: a) Wir leben auf der Nordhalbkugel. In welcher Stellung wird diese am stärksten von der Sonne bestrahlt? Welche Jahreszeit ist dann bei uns?
b) Wo wird die Südhalbkugel am stärksten bestrahlt? Welche Jahreszeit ist dann bei uns?
c) Markiere alle vier Erdkugeln mit beschrifteten Klebezetteln. Schreibe auf jeden Zettel, welche Jahreszeit dort gerade beginnt.
Beachte dabei, dass sich die Erde gegen den Uhrzeigersinn um die Sonne bewegt.
d) Habt ihr an eurer Schule bereits ein fertiges Modell von Erde und Sonne wie das rechts?
Vergleicht es mit eurem selbst gebastelten Modell.

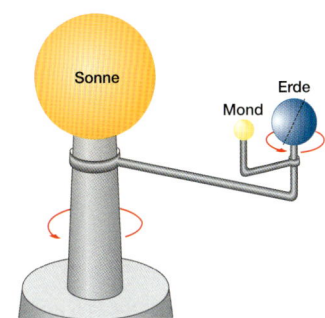

Die Sonne – unsere wichtigste Wärmequelle

1 Gewächshaus

Erdbeerfelder werden im Frühling oft mit durchsichtiger Folie abgedeckt. Hobby-Gärtner pflanzen Salat manchmal in kleinen Gewächshäusern an. Vermute, warum man das so macht.

2 Experiment: Die Sonne im Glas

Du benötigst zwei gleich große Glasgefäße (leere Gurkengläser oder Einmachgläser) und zwei gleiche Thermometer, die in die Gläser hineinpassen. Baue alles im Freien so auf wie in der Abbildung.

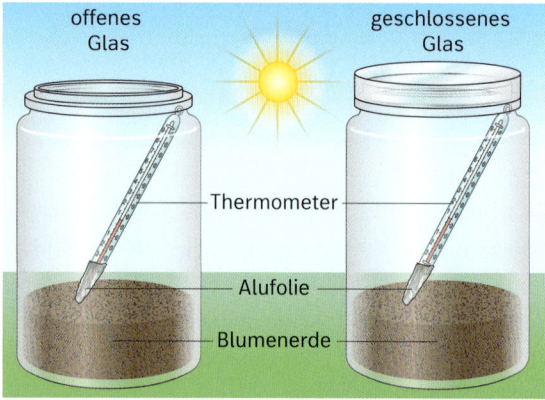

a) Lass die Gläser in der Sonne stehen. Notiere die Temperaturen in den Gläsern nach etwa 20 und 40 Minuten. Was stellst du fest?

b) Versuche deine Ergebnisse zu erklären.

3 Wasser in Säcken

Auf einem Campingplatz kannst du manchmal schwarze Kunststoffsäcke sehen. Sie sind mit Wasser gefüllt und hängen in der Sonne.

a) Vermute, wofür man sie verwendet.

b) Welche Vor- und Nachteile haben sie?

4 Die Energie der Sonne konzentrieren

Halte an einem sonnigen Tag eine Lupe im Abstand von etwa 10 cm über ein Stück Zeitungspapier. Verändere den Abstand so, dass ein möglichst kleiner, heller Fleck entsteht. Was geschieht? Achtung, führe den Versuch nur durch, wenn ein Erwachsener dabei ist, am besten auf geteertem Boden!

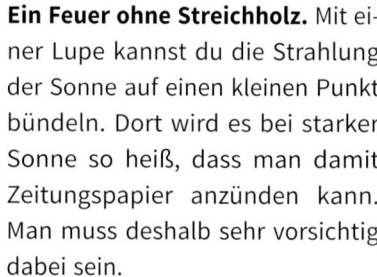

3 In Gewächshäusern ist es wärmer als im Freien

Ohne Sonne kein Leben. Ohne Sonne wäre es auf der Erde so kalt, dass es keine Pflanzen und Tiere und daher auch keine Menschen gäbe. Wir alle sind auf das Licht und die Wärme der Sonne angewiesen.

Gewächshäuser. Viele Gärtnereien haben Ge-wächshäuser ganz aus Glas. Die Sonnenstrahlung kann leicht durch die Glaswände ins Innere gelangen. Im Gewächshaus wird es daher warm. Da die Wärme von den Glaswänden zurückgehalten wird, heizt es sich immer mehr auf. Man kann daher den Salat oder die Tomaten schon viel früher ernten als im Freien.

Die Sonne erwärmt Wasser. Auf den Dächern mancher Häuser kannst du Sonnenkollektoren sehen. Sie enthalten Rohre, die von der Sonnenstrahlung erwärmt werden. Die Flüssigkeit in den Rohren wird im Sommer sehr heiß. Damit kann man zum Beispiel Wasser für die Dusche erwärmen – ohne dafür Gas, Öl oder Holz zu verbrennen.

Ein Feuer ohne Streichholz. Mit einer Lupe kannst du die Strahlung der Sonne auf einen kleinen Punkt bündeln. Dort wird es bei starker Sonne so heiß, dass man damit Zeitungspapier anzünden kann. Man muss deshalb sehr vorsichtig dabei sein.

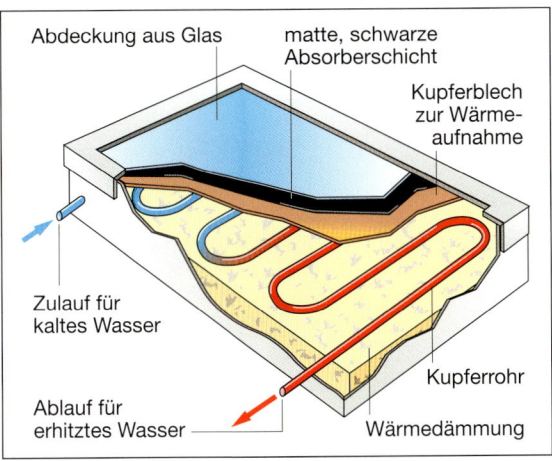

1 *So kann ein Sonnenkollektor aufgebaut sein*

Labels in figure 1:
- Abdeckung aus Glas
- matte, schwarze Absorberschicht
- Kupferblech zur Wärmeaufnahme
- Zulauf für kaltes Wasser
- Ablauf für erhitztes Wasser
- Kupferrohr
- Wärmedämmung

3 *Sonnenofen mit Hohlspiegel in Südfrankreich*

Mit Sonne kochen. Ein Solarkocher besteht vor allem aus einem gewölbten, runden Spiegel. Er ist so ähnlich geformt wie der Reflektor bei einem Scheinwerfer. Man bezeichnet ihn auch als Hohlspiegel. Der Hohlspiegel bündelt die eingefangene Sonnenstrahlung auf einen bestimmten Punkt in der Mitte des Gerätes. Dort gibt es eine Halterung für einen Topf. Bei starker Sonne wird es so heiß, dass man damit kochen kann.

Die Sonne bringt sogar Eisen zum Schmelzen. In Südfrankreich (bei Mont Louis und Odeille) haben Forscher besonders große Hohlspiegel gebaut. Dort entstehen Temperaturen von bis zu 3000 °C! Damit können faustgroße Löcher in dicke Eisenplatten geschmolzen werden.

MERKE
- Ohne Sonne gibt es kein Leben auf der Erde.
- Mit Gewächshäusern und Sonnenkollektoren nutzen wir die Sonnenstrahlung, um Wärme zu gewinnen.
- Spiegel und Lupen bündeln Sonnenstrahlung und erreichen so hohe Temperaturen.

1 Fragen zum Text
a) Ergänze den Satz: Ohne Sonne...
b) Erkläre, warum es in Gewächshäusern wärmer ist als im Freien.
c) Was kann man mit einer Lupe und einem Hohlspiegel erreichen?

2 Kochen mit Sonnenenergie
Bild 2 zeigt einen Solarkocher. Kaum zu glauben: Er benötigt nur die Strahlung der Sonne.
a) Welche Vorteile hat so ein Gerät?
b) Finde auch Nachteile eines Solarkochers.

2 *Solarkocher, von oben gesehen*

1 Umweltfreundliches Boot

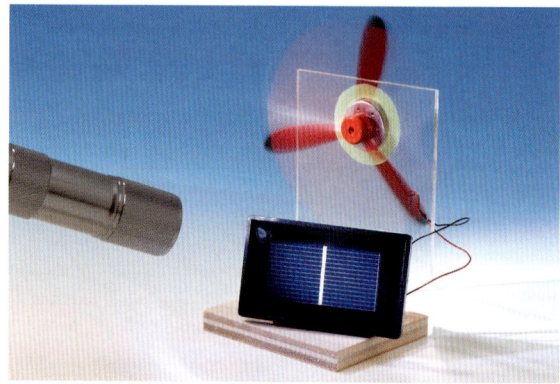

4 Solarmodul für Experimente

1 Umweltfreundlicher Antrieb

a) Das Boot bewegt sich nahezu geräuschlos mit einem Elektromotor im Wasser fort. Woher kommt der Strom für den Antrieb des Bootes?

b) Welche Vor- und Nachteile hat das Boot dadurch?

b) Beleuchtet das Solarmodul aus verschiedenen Richtungen.

c) Schreibt auf, wann das Solarmodul viel Strom liefert und wann es wenig Strom liefert.

2 Licht bei Nacht

Du hast sicher in Gärten oder im Baumarkt schon Gartenleuchten mit Solarzellen gesehen.
Die Sonne scheint aber nur am Tag. Woher beziehen sie dann nachts ihren Strom?

Solarzellen erzeugen Strom. Solarzellen wandeln Sonnenenergie direkt in **elektrische Energie** um. Man nennt das auch **Photovoltaik**.

Auf Hausdächern sind viele Solarzellen zu Solarmodulen zusammengeschaltet. Solarmodule sollten nach Süden ausgerichtet werden. Das ergibt die höchste Stromausbeute, weil die Sonne dann einen Teil des Tages etwa senkrecht auf die Solarzellen scheint. Der Solarstrom wird in das öffentliche Stromnetz eingespeist.

3 Solarmodule liefern Strom

Verbindet ein kleines Solarmodul mit einem Motor oder einem Lämpchen. Stellt es an die Sonne oder beleuchtet es mit einer starken Lampe.

a) Deckt das Solarmodul mit der Hand ab.

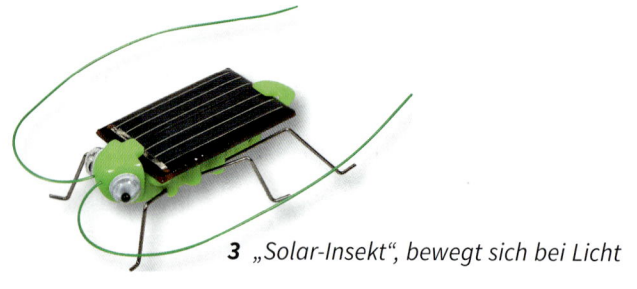

3 „Solar-Insekt", bewegt sich bei Licht

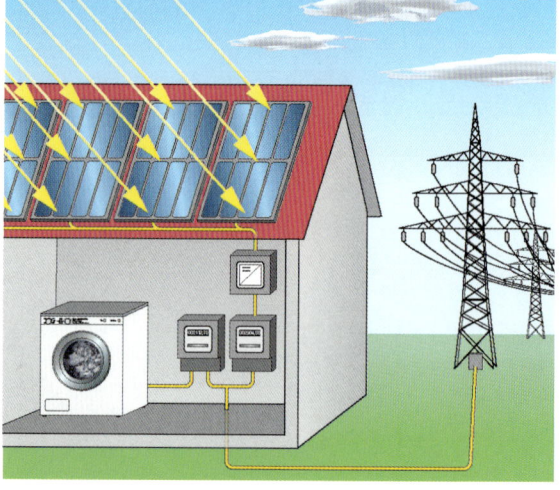

5 Der Solarstrom wird ins Stromnetz eingespeist

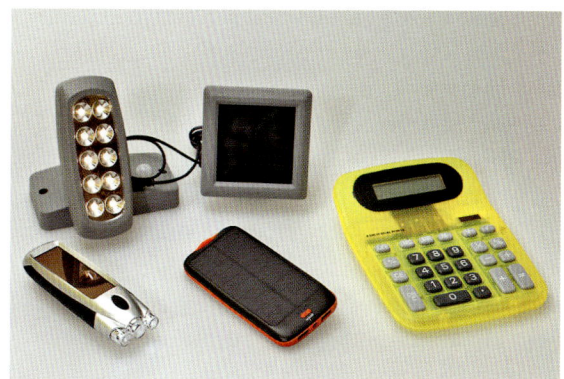

1 Solarzellen im Alltag

3 Wasserkraftwerk an der Donau

Solarzellen betreiben Geräte. Solarmodule findet man auch in vielen kleineren Geräten wie Taschenrechnern, Lampen oder Spielzeug.

Die Sonnenenergie wird hierbei zunächst in elektrische Energie umgewandelt und anschließend in Licht (Lampen) oder in Bewegung (Motor).

In Gartenleuchten wird der tagsüber erzeugte Strom in kleinen Akkus gespeichert. Auch größere Geräte mit Elektromotor wie ein Solarboot nutzen meistens einen Akku als Energiespeicher.

Umweltfreundlicher Strom von der Sonne. Strom aus Solarzellen ist **umweltfreundlich,** weil im Betrieb keine Schadstoffe entstehen. Außerdem liefert die Sonne kostenlos und unbegrenzt Energie zur Erde. Kohle, Erdgas und Erdöl dagegen verursachen Abgase und sind irgendwann verbraucht.

Solarmodule erzeugen nur bei Sonnenschein ausreichend Strom. Nachts und bei starker Bewölkung benötigt man weitere Stromlieferanten.

Strom aus Wind und Wasser – dank der Sonne. Neben der Sonnenenergie nutzen wir heute auch Strom aus Wind- und Wasserkraftwerken. Letztlich geht auch dies auf die Sonne zurück. Denn der Wind entsteht, wenn die Sonne Luftmassen unterschiedlich stark erwärmt. Er kann mit **Windkraftanlagen** in elektrischen Strom umgewandelt werden.

Auch der Wasserkreislauf wird von der Sonne verursacht: Das Wasser verdunstet durch die Wärme der Sonne und regnet über den Bergen ab. Von dort fließt das Wasser talwärts. Das fließende Wasser kann in **Wasserkraftwerken** elektrischen Strom erzeugen.

MERKE

▶ Solarzellen wandeln Sonnenstrahlung direkt in elektrischen Strom um.
▶ Je mehr Sonnenlicht einstrahlt, umso mehr Strom wird in der Solarzelle erzeugt.
▶ Strom aus Solarzellen ist umweltfreundlich.
▶ Sonnenenergie ist indirekt auch für Windenergie und Wasserkraft verantwortlich.

2 Windkraftanlage im Meer

1 Fragen zum Text

a) Nenne Einsatzmöglichkeiten von Solarzellen.
b) Wie sollten Solarzellen zur Sonne ausgerichtet sein, damit sie möglichst viel Strom liefern?
c) Warum ist Solarstrom umweltfreundlich?
d) Erkläre, was Wind- und Wasserkraft mit der Sonne zu tun haben.

Haut und Sonne

1 Sommer – Sonne – Sonnenbrand

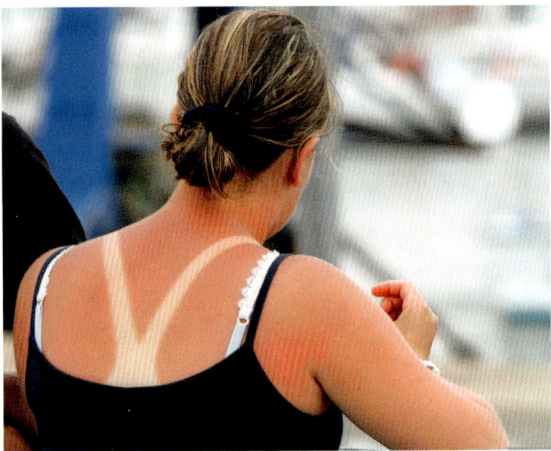

a) Hast du schon einmal einen Sonnenbrand bekommen? Berichte, wie es dazu gekommen ist.

b) Was glaubst du: Ist deine Haut sehr empfindlich gegenüber der Sonne oder eher weniger empfindlich?

2 Hauttypen

Menschen haben bekanntlich unterschiedliche Hautfarben. Man kann sie in verschiedene Hauttypen einteilen.

a) Betrachte die Tabelle zu den Hauttypen. Welchem Hauttyp würdest du dich zuordnen?

b) Wie lange würde es dauern, bis deine Haut durch die Sonnenstrahlung gerötet ist?

c) Personen mit den Hauttypen 1–3 bekommen viel leichter einen Sonnenbrand als Personen der Hauttypen 4–6. Vermute, woran das liegen könnte.

d) Deine Klasse plant einen Ausflug zum Freibad. Was kannst du tun, damit du keinen Sonnenbrand bekommst?

3 Sonnenschutz

a) Hautärzte warnen vor einem zu langem Aufenthalt in der Sonne.
Kinder im sonnenreichen Australien bekommen den Rat: „Between eleven and three stay under a tree." Kannst du den Satz übersetzen? (to stay heißt: bleiben). Was bedeutet er?

b) Ist es auch bei uns sinnvoll, danach zu handeln? Was meinst du?

c) Am Wasser oder beim Skifahren ist die Sonnenstrahlung besonders stark. Vermute, woran das liegen könnte.

	**Hauttyp 1** sehr helle Haut, oft Sommersprossen; rötliches Haar; meist blaue oder grüne Augen; Eigenschutzzeit 5–10 Minuten; kaum Bräunung
	**Hauttyp 2** helle Haut; blondes Haar; graue, blaue oder grüne Augen; Eigenschutzzeit 10–20 Minuten; mäßige Bräunung
	**Hauttyp 3** mittelhelle Haut; dunkelblondes oder braunes Haar; graue oder braune Augen; Eigenschutzzeit 20–30 Minuten; gute Bräunung
	**Hauttyp 4** bräunliche Haut; dunkles, braunes Haar; dunkle Augen; Eigenschutzzeit etwa 40 Minuten; schnelle und tiefe Bräunung;
	**Hauttyp 5** dunkle Haut; schwarzes Haar; dunkle Augen; Eigenschutzzeit mehr als 60 Minuten; schnelle und tiefe Bräunung; Sonnenbrand selten
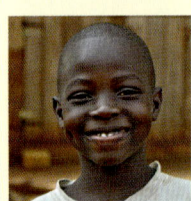	**Hauttyp 6** dunkle bis schwarze Haut; schwarzes Haar; dunkle Augen; Eigenschutzzeit mehr als 90 Minuten; Sonnenbrand sehr selten

2 Haut kann man in sechs verschiedene Hauttypen einteilen

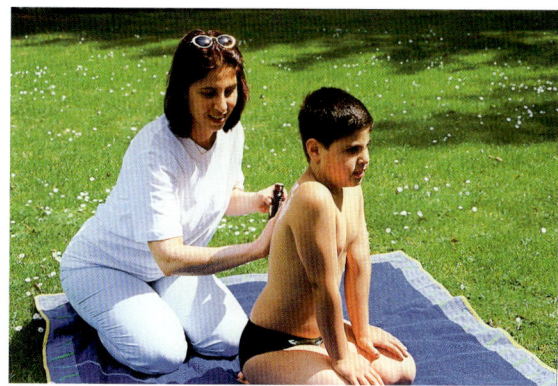

1 *Sonnencreme verbessert den Schutz der Haut*

Im Frühling ist die Luft oft noch kühl, doch die Sonne strahlt schon kräftig. Wer dann zu lange in der Sonne bleibt, kann sich leicht einen Sonnenbrand holen.

Natürlicher Sonnenschutz. Sonnenlicht enthält ultraviolette Strahlung (UV-Strahlung). Sie ist schädlich für uns. Die menschliche Haut kann sich für eine gewisse Zeit vor der UV-Strahlung schützen. In der Haut sind nämlich dunkle Farbstoffe enthalten. Sie verhindern, dass die Strahlung tiefer eindringt.
Je nach **Hauttyp** hat man mehr oder weniger Farbstoffe in der Haut. Wenn du eine dunkle Haut hast, kannst du dich etwas länger in der Sonne aufhalten. Wer helle Haut hat, kann schon nach kurzer Zeit einen Sonnenbrand bekommen.
Man sollte seine Haut langsam an die Sonne gewöhnen. Der Körper kann dann mehr schützende Farbstoffe herstellen.

Gefahren durch zu viel Sonne. Wer sich zu lange in der Sonne aufhält, bekommt einen Sonnenbrand. Die Haut wird rot und brennt. Später löst sich die oberste Hautschicht ab. Man kann auch Fieber, Schwindel und Kopfschmerzen bekommen; dann spricht man vom „Sonnenstich".
Wer oft zu lange in der Sonne ist, bekommt eine faltige und trockene Haut; die Haut altert vorzeitig. Manchmal entstehen helle oder dunkle raue Stellen. Daraus kann der weiße oder der schwarze Hautkrebs entstehen. Vor allem der schwarze Hautkrebs ist eine schwere Krebserkrankung. Das Risiko ist umso höher, je häufiger man einen Sonnenbrand hat.

Schutz vor der Sonne. Unsere Haut braucht im Sommer zusätzlichen Schutz, etwa durch eine Sonnenschutzcreme. Der Lichtschutzfaktor gibt an, wie lange man sich etwa in der Sonne aufhalten kann, ohne dass es zu einem Sonnenbrand kommt. Wer ohne Sonnenschutz 5 Minuten in der Sonne sein kann, darf sich mit einer Sonnencreme mit Faktor 12 höchstens 12-mal so lange der Sonne aussetzen (also 12 · 5 min = 60 min). Achtung: Das sind ungefähre Werte; man sollte sich nicht zu sehr auf diese Rechnung verlassen. Wenn die Haut schon leicht rot wird, musst du schleunigst aus der Sonne heraus.

Tipps zum Umgang mit der Sonne:
• Vermeide mittags die direkte Sonne
• Trage die Sonnencreme 20 Minuten vor dem Sonnenbad auf, am besten eine wasserfeste Sorte
• Trage eine Kopfbedeckung und leichte Sommerkleidung
• Nach dem Baden: Nachcremen nicht vergessen

MERKE

▶ Wer zu viel in der Sonne ist, riskiert Sonnenbrand, vorzeitige Alterung der Haut und im schlimmsten Fall sogar Hautkrebs.
▶ Schutz bieten ein vernünftiges Verhalten, geeignete Kleidung und Sonnenschutzcreme.

1 Fragen zum Text
a) Wie schützt sich der Körper vor der Sonne?
b) Nenne Folgen von zu viel Sonne für die Haut.
c) Kadir will seinen Freund vor zu viel Sonne warnen. Welche Tipps kann er ihm geben?

2 *Kleidung, Hut und Sonnencreme schützen vor Sonne*

Die Haut hat viele Aufgaben

1 Wir erkunden die Umwelt mit unserer Haut

3 Kann man das heiße Getränk schon trinken...?

1 Wir fühlen mit der Haut

a) Ein Baby erkundet mit der Haut der Finger seine Umwelt. Überlege, was wir alles mithilfe unserer Haut spüren können.

b) Berühren wir einen heißen Gegenstand, empfinden wir Schmerz und zucken zurück. Begründe, ob dies für uns von Vorteil ist oder nicht.

2 Wo ist die Haut empfindlicher?

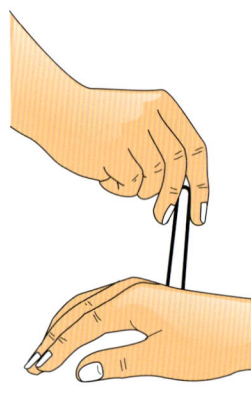

Biege eine Büroklammer auseinander, sodass sie aussieht wie ein U. Der Abstand zwischen den Enden soll etwa 15 mm sein.
Berühre mit den Enden mehrmals eine Fingerspitze und den Unterarm einer Versuchsperson, die nicht zusehen darf. Frage die Versuchsperson, ob sie jeweils eine oder zwei Berührungen gespürt hat. Wiederhole den Versuch mit kleineren Abständen zwischen den Enden. Welche Folgerungen ziehst du aus dem Versuchsergebnis?

3 Modellversuch zum Schweiß auf der Haut

a) Wie kannst du zeigen, dass die Haut ständig etwas Feuchtigkeit abgibt? Probiere es selbst aus.

b) Überlege dir einen Versuch, mit dem du zeigen kannst, welche Wirkung der Schweiß auf der Haut hat. Führe den Versuch durch.

Wenn wir mit etwas in Berührung kommen, ist die Haut die erste Kontaktstelle. Sie ist unser **Fenster zur Umwelt**. Durch sie erfahren wir, was um uns herum geschieht.
Hautkontakte sind vor allem für die Entwicklung von Kleinkindern besonders wichtig. Das Streicheln unserer Haut tut uns aber in jedem Alter gut.

Die Umwelt ertasten. Wenn du im Dunkeln in ein Zimmer kommst, ertastest du mit deinen Fingern, wo der Lichtschalter ist. Unsere gesamte Haut ist tast-empfindlich. Wir spüren sogar, wenn eine Fliege auf dem Arm herumläuft.
An den Fingern und an den Lippen ist der Tastsinn am besten ausgeprägt. Dort liegen besonders viele Tastkörperchen in der Haut. Druck empfinden wir über spezielle Druckkörperchen.

Wärme und Kälte spüren. Du kannst problemlos unterscheiden, ob du deine Hand in kaltes oder warmes Wasser hältst. Das liegt an den Wärmekörperchen und Kältekörperchen in der Haut. So kannst du einfach feststellen, ob das Badewasser eine angenehme Temperatur hat oder nicht.

Der Schweiß kühlt den Körper. Wenn es sehr heiß ist oder du dich anstrengst, beginnst du zu schwitzen. Die Schweißtropfen treten aus den Poren der Schweißdrüsen aus und verdunsten. Dadurch kühlt sich die Haut ab. So sorgt der Körper dafür, dass wir uns nicht überhitzen.

Schmerz empfinden. Hast du dich schon einmal an einer heißen Herdplatte verbrannt? Da schlagen Nervenfasern in der Haut sofort Alarm. Man nennt sie auch Schmerzpunkte. Sie sorgen dafür, dass wir gewarnt werden und reagieren, damit nichts Schlimmeres passiert. Es dient also zu unserem Schutz, wenn wir Schmerz empfinden.

Die Haut schützt den Körper. Es ist schon erstaunlich, dass ein so empfindsames Gebilde wie unsere Haut gleichzeitig auch ein sehr stabiler Schutz für unseren Körper ist.

Dank dem Schutz der Haut können wir längere Zeit mit schweren Werkzeugen arbeiten oder barfuß gehen, denn die Haut fängt Stöße und Reibung ab. Kleinere Verletzungen wie Abschürfungen heilen rasch wieder ab. Die Haut schützt uns vor zu starker Sonnenstrahlung und vor Witterungseinflüssen wie Wind, Regen, Kälte und Hitze.

Krankheitskeime wie Bakterien oder Pilze und Schadstoffe werden an der Oberfläche der Haut zurückgehalten. Die Haut verhindert zusammen mit der dünnen Fettschicht auf der Oberfläche, dass unser Körper austrocknet.

Die Haut hilft auch mit, die Körpertemperatur zu regeln. Ist der Körper zu kühl, verengen sich die Blutgefäße in der Haut, um die Wärme im Körper zu halten.

Ist der Körper zu warm, erweitern sich die Blutgefäße der Haut und geben so Wärme an die Umgebung ab.

MERKE
▸ Über die Haut nehmen wir Berührung, Druck, Kälte, Wärme und Schmerz wahr.
▸ Die Haut schützt uns vor Verletzungen, Sonnenstrahlung, Schadstoffen, Krankheitserregern und Witterungseinflüssen.

1 Fragen zum Text
a) Wie finden wir uns auch im Dunkeln zurecht?
b) Wo am Körper empfinden wir Kälte und Wärme am besten?
c) Erkläre, warum wir manchmal schwitzen.
d) Wovor schützt uns die Haut?

2 Vielfältige Aufgaben der Haut
a) Es gibt Menschen, die über die Haut keine Schmerzen wahrnehmen können. Erkläre, warum sie besonders vorsichtig sein müssen.
b) Du bist mit dem Fahrrad gestürzt und hast eine blutende Wunde am Knie. Warum ist es sinnvoll, dass die Haut mit einem Pflaster abgedeckt wird?

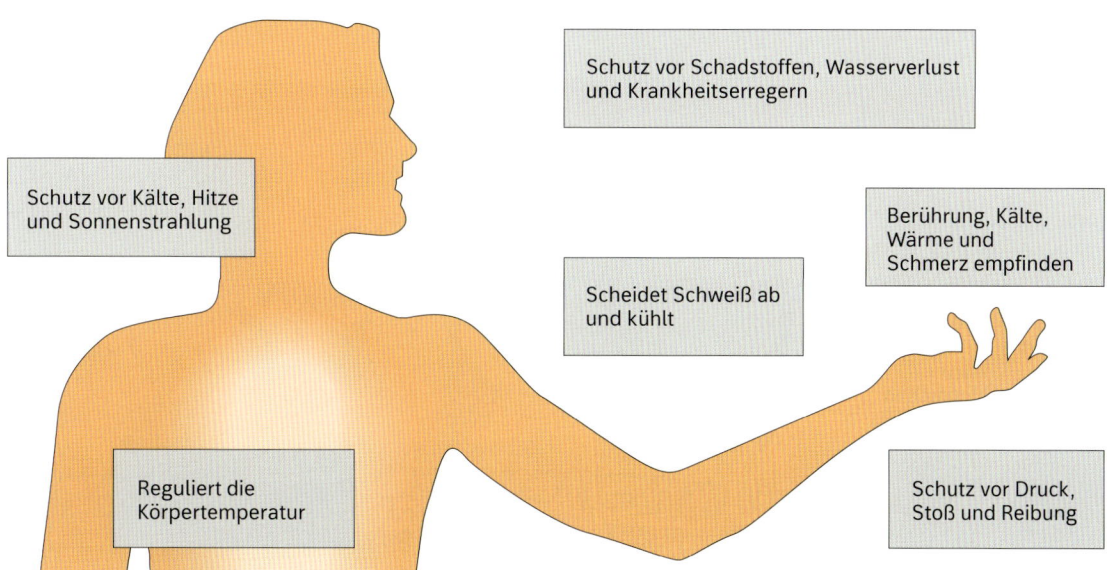

Schutz vor Schadstoffen, Wasserverlust und Krankheitserregern

Schutz vor Kälte, Hitze und Sonnenstrahlung

Berührung, Kälte, Wärme und Schmerz empfinden

Scheidet Schweiß ab und kühlt

Reguliert die Körpertemperatur

Schutz vor Druck, Stoß und Reibung

1 Was die Haut alles leistet

So ist die Haut aufgebaut

a) Besorge dir eine dunkles Stück Papier. Halte deinen linken Unterarm über das Papier. Reibe dann mit der rechten Hand mehrmals fest über die Oberseite deines linken Unterarms. Notiere deine Beobachtung.

b) Streiche mit einer Lage eines Papiertaschentuchs (oder mit einem Stück Löschpapier) über deine Stirn. Halte das Tuch dann gegen das Licht. Was stellst du fest?

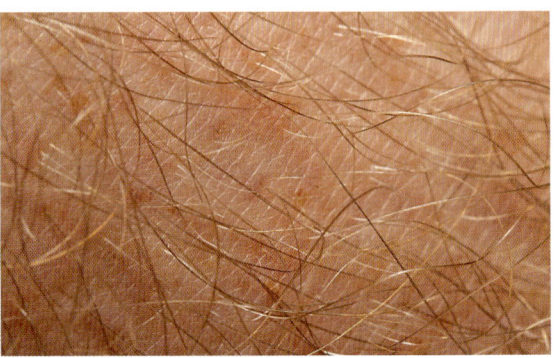

3 Die Haut, ganz nah

a) Betrachte deine Haut an den Fingerspitzen mit einer Lupe. Was fällt dir auf?

b) Färbe einen Zeigefinger mit Tinte. Drücke ihn auf ein Blatt Papier. Vergleiche den Fingerabdruck mit denen deiner Klassenkameraden.

c) Wofür werden solche Fingerabdrücke verwendet?

Unser gesamter Körper ist mit Haut bedeckt. Beim Erwachsenen ist sie etwa so groß wie die Fläche eines Bettes, also rund 2 m². Die Haut besteht aus drei Schichten: Oberhaut, Lederhaut, Unterhaut.

Oberhaut. Die Oberhaut schützt den Körper vor der Umwelt. Hier befinden sich auch die Farbstoffe, die vor der UV-Strahlung der Sonne schützen.
Nach oben entsteht die feste und widerstandsfähige **Hornhaut.** Sie wird ständig von unten aus der Keimschicht nachgebildet. Ganz außen ist die Haut abgestorben. Sie wird laufend in Form von kleinen Hornschuppen abgestoßen.

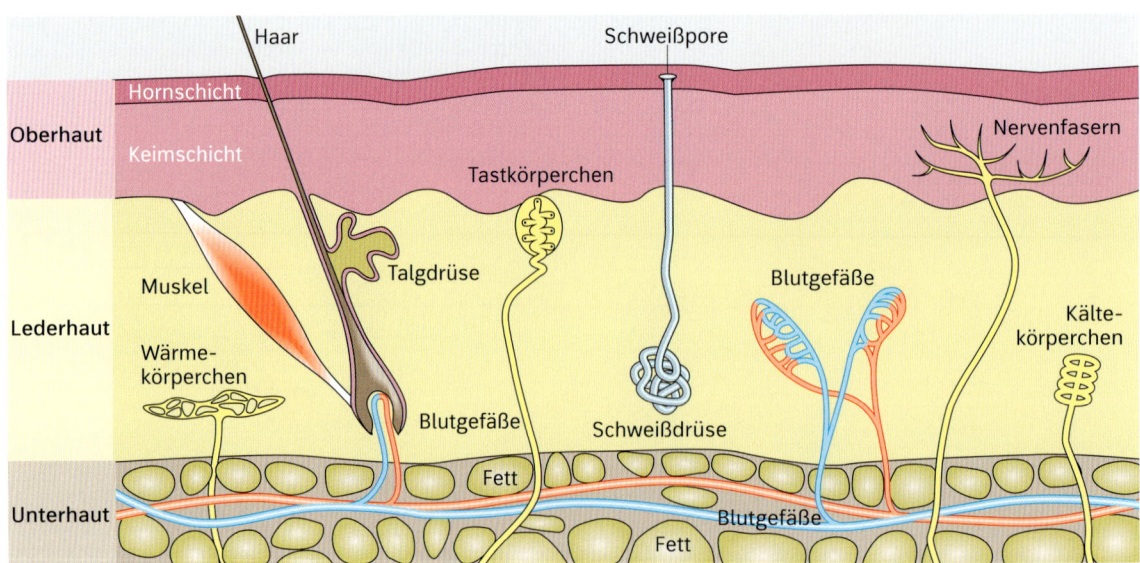

2 Aufbau der Haut

Lederhaut. Hier liegen die meisten Sinneskörperchen und Nervenfasern. Sie spüren Berührungen, Druck, Wärme, Kälte und Schmerz. Zahlreiche feine Blutgefäße durchziehen diese Hautschicht. An den Haarwurzeln sitzen die Talgdrüsen. Sie erzeugen eine schützende Fettschicht auf der Haut. Schweißdrüsen leiten Schweiß über Poren nach außen.

Unterhaut. In der weichen Unterhaut ist Fett eingelagert. Es wirkt wie ein Polster. Es schützt vor Stößen und wirkt auch wärmeisolierend. Hier verlaufen die größeren Blutgefäße, die die gesamte Haut mit Nährstoffen versorgen.

MERKE

▶ Die Haut ist aus drei Schichten aufgebaut: Oberhaut, Lederhaut und Unterhaut.

▶ In der Lederhaut sind viele Sinneskörperchen, Nerven, Hautdrüsen und Blutgefäße.

▶ Die Unterhaut enthält viele Fettkörperchen.

---

1 Fragen zum Text

a) Nenne die drei Schichten der Haut.

b) In welcher Schicht befindet sich die Hornhaut?

c) Wo befinden sich viele Sinneskörperchen?

d) Erkläre, welche Aufgabe das eingelagerte Fett in der Haut hat.

2 Die Haut ist unterschiedlich dick

Die Haut an der Innenseite der Hände und an der Fußsohle ist viel dicker als am Handrücken. Erkläre, weshalb dies von Vorteil ist.

3 Verletzungen der Haut

a) Wenn du eine Hautabschürfung hast, blutet es nicht. Wie kann das sein?

b) Welche Hautschichten sind mindestens betroffen, wenn eine Hautverletzung blutet?

EXTRA

Mit der Haut sehen: Blindenschrift

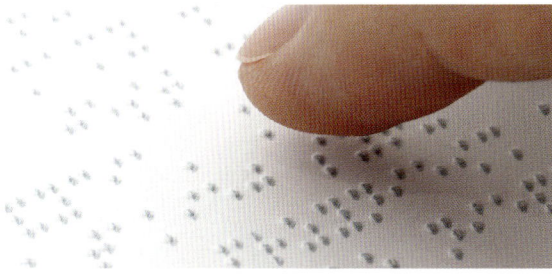

Blinde Menschen können nicht sehen – aber dennoch lesen. Allerdings nur, wenn der Text in einer speziellen Blindenschrift gedruckt ist. Die Schrift wird nach ihrem Erfinder Louis Braille auch „Braille-Schrift" genannt.
Es ist eine Schrift, die man mit den Fingerspitzen ertasten muss. Die Buchstaben werden durch Punkte dargestellt, maximal 6 Punkte für jeden Buchstaben.

Die Punkte werden so in das Papier eingestanzt, dass sie auf dem Papier zu fühlen sind.
Es gibt auch spezielle Blindenschrift-Geräte, die man an einen Computer anschließen kann. Diese Geräte übersetzen die Schrift auf dem Monitor in Blindenschrift. Dazu heben oder senken sich kleine Stifte auf dem Gerät. So werden die Buchstaben auf dem Monitor in fühlbare Braille-Schrift übersetzt.
Braille-Schrift für das Wort Haut:

H A U T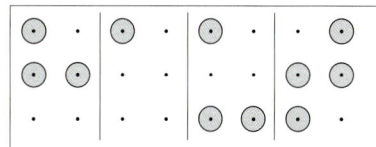

4. Informiere dich über den Erfinder der Blindenschrift Louis Braille. Stelle deine Ergebnisse der Klasse vor (Kurz-Vortrag, 5 Minuten).

▶ Die Erde dreht sich in 24 Stunden einmal um sich selbst. Diese Bewegung verursacht den Wechsel von Tag und Nacht.

▶ Auf der Seite, die zur Sonne zeigt, ist es Tag; auf der anderen Seite ist es Nacht.

▶ Die Erde bewegt sich im Laufe eines Jahres einmal um die Sonne. Durch die Neigung der Erdachse kommt es zu den Jahreszeiten.

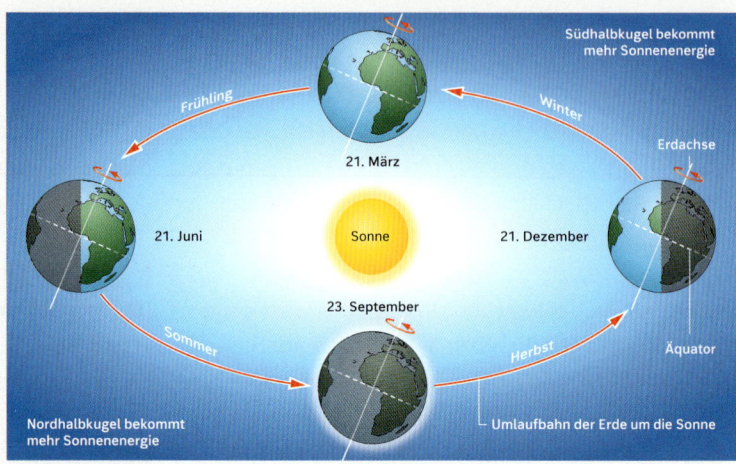

▶ Pflanzen, Tiere und der Mensch brauchen die Wärme und das Licht der Sonne.

▶ Die Energie der Sonnenstrahlung wird genutzt, um Häuser zu heizen, Wärme zu gewinnen oder elektrischen Strom zu erzeugen.

▶ Sonnenkollektoren sammeln Wärme, Solarzellen erzeugen elektrischen Strom.

▶ Die Haut vermittelt uns den Kontakt zu unserer Umwelt. Über die Haut nehmen wir Berührung, Druck, Kälte, Wärme und Schmerz wahr. Die Haut ist aus drei Schichten aufgebaut (Abb. unten).

▶ Die Haut schützt uns vor Verletzungen, Sonnenstrahlung, Schadstoffen, Krankheitserregern und Witterungseinflüssen.

▶ Zu viel Sonne ist gefährlich: Sonnenbrand, vorzeitige Alterung der Haut und im schlimmsten Fall sogar Hautkrebs können die Folge sein.

▶ Mit Sonnenschutzmitteln, angemessener Kleidung und durch vernünftiges Verhalten kann man sich vor zu starker Sonnenstrahlung schützen.

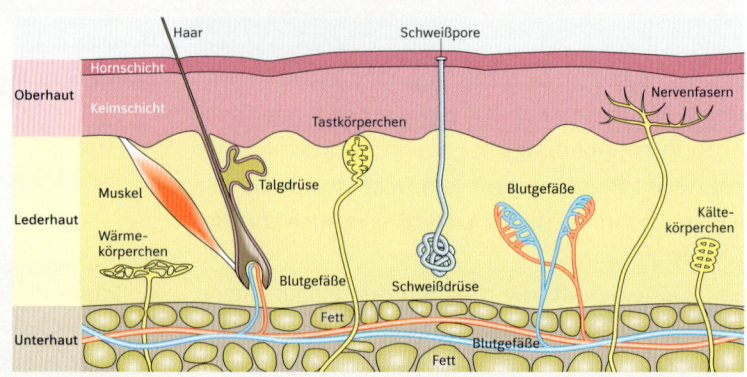

TRAINER

1 Der Globus – ein Modell der Erde

a) Was kann uns ein Globus über die echte Erde zeigen?

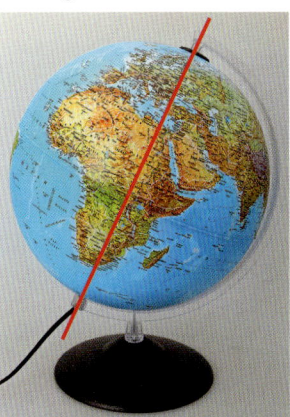

b) Wenn du einen Globus drehst, merkst du, dass die Drehachse schräg zur Tischplatte steht. Warum ist das so?

c) Die Erde dreht sich in 24 Stunden einmal um sich selbst. Warum merken wir nichts davon?

d) Wie kannst du an einem Globus die Entstehung von Tag und Nacht zeigen?

2 Jahreszeiten

a) Wie kommt es zu den Jahreszeiten?

b) Am 21. Juni ist bei uns Sommeranfang. Nun ist der Tag am längsten und die Nacht am kürzesten. Erkläre, ob die Nordhalbkugel zu dieser Zeit mehr zur Sonne hin geneigt oder eher von der Sonne abgewandt ist.

c) Welche Jahreszeit ist auf der Südhalbkugel der Erde (z. B. Australien), wenn bei uns Sommer ist?

3 Sonne und Energie

a) Wie kann man mit Hilfe von Sonnenenergie Häuser beheizen?

b) Was geschieht mit der Energie der Sonne, wenn eine Solarzelle einen Elektromotor antreibt?

c) Was haben Sonnenkollektoren und Solarzellen gemeinsam, worin unterscheiden sie sich?

d) Inwiefern ist die Energie aus Sonne und Wind umweltfreundlich?

4 Die Lichtmühle

Hast du schon einmal so eine Lichtmühle gesehen wie sie hier abgebildet ist? Das Innere dreht sich wie von Geisterhand, wenn sie im Licht steht. Ergänze den Satz: Die Lichtmühle ist ein gutes Beispiel, wie Lichtenergie direkt in … umgewandelt wird.

5 Aufbau und Funktion der Haut

a) Nenne die drei Schichten der Haut.

b) Welche Informationen liefert uns die Haut? Schreibe mindestens vier Beispiele auf.

c) In welcher Schicht sind die vielen Sinneskörperchen enthalten?

d) Welchen Sinn hat es, dass die Haut Schweiß abgibt?

6 Hautschutz

a) Warum soll man nicht zu lange in der Sonne bleiben, vor allem im Sommer?

b) Gib für die Hauttypen 1 und 3 an, wie lange sie ohne Sonnenschutz in der Sonne bleiben können.

c) Auf einer Sonnencremetube findest du den Hinweis „Lichtschutzfaktor 20". Was bedeutet das für jemanden, der zum Hauttyp 2 gehört?

Wenn du Hilfe bei den Aufgaben brauchst, schau auf den folgenden Seiten nach:

Aufgabe	Hilfe auf…	Aufgabe	Hilfe auf …
1 a, c, d	S. 10	3 d	S. 17
1 b	S. 11	4	S. 17
2	S. 11, 13	5 a, c	S. 22, 23
3 a	S. 14	5 b	S. 20, 21
3 b	S. 16, 17	5 d	S. 20
3 c	S. 14, 16	6	S. 18, 19

Lösungsvorschläge zu den Trainer-Aufgaben findest du im Anhang des Buches.

1 Warm oder kalt, wer hat recht?

An einem kalten Wintertag warst du längere Zeit draußen. Nun kommst du nach Hause und genießt die Wärme: „Hier ist es aber mollig warm!" Dein Bruder, der schon einige Zeit an seinen Hausaufgaben sitzt, wundert sich: „Mir ist es eher etwas kühl. Wir haben hier doch nur knapp 20 Grad! "
Ist es dir auch schon so ähnlich ergangen? Wie kann es sein, dass zwei Personen die gleiche Temperatur so unterschiedlich empfinden?

2 Ein Versuch mit drei Schüsseln

Drei Schüsseln sind mit Wasser gefüllt. Eine enthält kaltes Wasser, die andere lauwarmes und die dritte warmes Wasser. Eine Versuchsperson legt zwei Minuten lang eine Hand in das kalte und gleichzeitig die andere in das warme Wasser. Danach legt sie beide Hände gleichzeitig in die mittlere Schüssel (lauwarmes Wasser).

warm   kalt

lauwarm

a) Führt den Versuch in Gruppen durch, zum Beispiel zu Dritt. Die Versuchsperson soll dann beschreiben, wie sie die Wassertemperaturen an beiden Händen jeweils empfindet. Notiert das Versuchsergebnis.

b) Welche überraschende Empfindung kann die Versuchsperson bei diesem Versuch machen?

c) Wovon hängt es ab, wie der Mensch Temperaturen empfindet? Stellt dazu eine Vermutung auf.

d) Hilfe: Wenn ihr das Versuchsergebnis so formuliert, dann fällt euch die Antwort zur Aufgabe c) leichter:
Wenn die Hand zuerst im kalten Wasser war, dann empfindet man das lauwarme Wasser als ??? Wenn die Hand zuerst im warmen Wasser war, dann empfindet man das lauwarme Wasser als ???

e) Fasse nun zusammen, was der Versuch über das Temperaturempfinden des Menschen aussagt.

3 Schätzen und messen

a) Schätze die Temperaturen an drei verschiedenen Stellen, zum Beispiel die Temperatur im Zimmer, die Außentemperatur und die Temperatur des Leitungswassers. Schreibe deine Schätzwerte auf.

b) Miss nun die Temperaturen an diesen Stellen mit einem Thermometer. Warte etwa 2–3 Minuten mit dem Ablesen, damit das Thermometer die Temperatur auch richtig anzeigen kann. Schreibe die Messwerte auf.

c) Vergleiche die Messwerte mit den geschätzten Werten. Was kannst du dabei feststellen?

Temperaturen empfinden. Wärme und Kälte können wir mit unserem Körper wahrnehmen, vor allem über die Haut. Doch zwei Personen können die Temperatur im selben Raum unterschiedlich empfinden: Was für den einen noch angenehm warm ist, kann für eine andere Person schon kühl sein.

Unser Temperaturempfinden ist auch davon abhängig, ob wir vorher in einer wärmeren oder in einer kühleren Umgebung waren. Der Drei-Schüssel-Versuch bestätigt das: Taucht man eine Hand erst ins kalte Wasser und dann in das lauwarme Wasser, dann empfindet man das als „warm". War die Hand zuerst im warmen und dann im lauwarmen Wasser, dann empfinden wir dasselbe Wasser aber als „kalt".

Messen statt fühlen. Unser Körper kann besonders gut wahrnehmen, ob etwas wärmer oder kühler als zuvor ist. Wir können also Temperatur-Unterschiede gut feststellen. Doch Temperaturen messen kann der Körper nicht. Dazu benötigen wir ein Messgerät, ein Thermometer.

Thermometer. Es gibt verschiedene Typen von Thermometern. Weit verbreitet sind Flüssigkeitsthermometer. Bei solch einem Thermometer befindet sich eine Flüssigkeit in einem kleinen Behälter mit einem dünnen **Steigrohr**. Wenn es wärmer wird, dehnt sich diese Flüssigkeit aus und steigt im Steigrohr nach oben. An einer Skala kannst du dann die Temperatur ablesen.

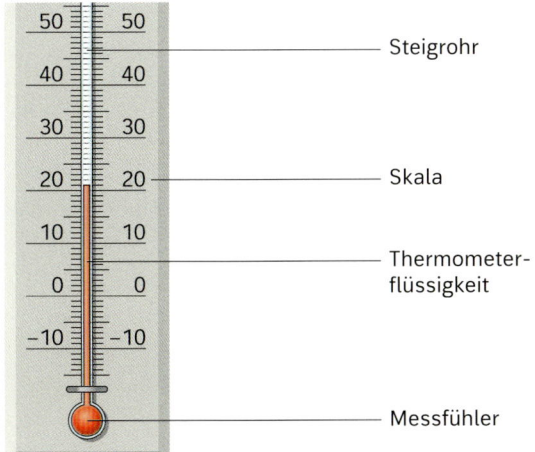

1 *Flüssigkeitsthermometer*

Steigrohr

Skala

Thermometer-flüssigkeit

Messfühler

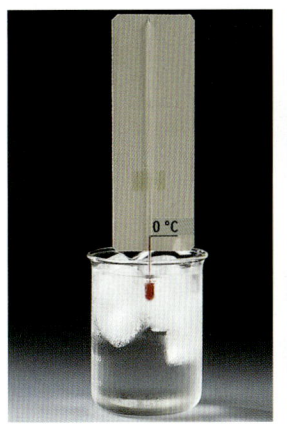

2 *Eis schmilzt (links) und Wasser siedet (rechts)*

Temperaturen messen in Grad Celsius. Wenn wir Temperaturen messen, dann geben wir die Werte in der Einheit Grad Celsius an, abgekürzt °C. Erfunden hat diese Skala der Schwede Anders Celsius. Er legte zwei Punkte fest, um die Skala anzulegen: die Schmelztemperatur von Eis (0 °C) und die Siedetemperatur von Wasser (100 °C). Den Abstand zwischen diesen beiden Werten unterteilte er in 100 Grade. Bei Temperaturen unter Null setzt man ein Minuszeichen vor die Zahl und sagt dann z. B. –5 °C.

MERKE
▸ **Der Mensch kann Wärme und Kälte empfinden und Temperaturen vergleichen.**
▸ **Um Temperaturen genau zu bestimmen, benötigen wir ein Thermometer als Messgerät.**
▸ **Wir geben Temperaturen in der Einheit Grad Celsius an, abgekürzt: °C.**

1 Fragen zum Text
a) Was kann der Körper wahrnehmen, wenn es um Wärme und Kälte geht – und was kann er nicht?
b) In welcher Einheit geben wir Temperaturen an?

2 Thermometer
a) Beschreibe, wie ein Flüssigkeitsthermometer funktioniert. Nutze hierfür die Begriffe in Abb.1.
b) Welchen Vorteil hat es, wenn überall eine einheitliche Temperaturskala verwendet wird?

So misst du Temperaturen richtig

Mit einem Thermometer kann man Temperaturen messen und vergleichen. Dabei solltest du einige Regeln beachten:

▶ Warte mit dem Ablesen, bis sich das Thermometer auf die Temperatur eingestellt hat.
▶ Schaue beim Ablesen möglichst genau von vorne auf die Skala, nicht schräg von oben oder unten.
▶ Die Außentemperatur musst du immer im Schatten messen, nicht in der Sonne.
▶ Bei Flüssigkeiten muss der Messfühler vollständig eingetaucht sein. Er soll aber die Wände des Gefäßes nicht berühren.
▶ Nimm das Thermometer nicht aus der Flüssigkeit heraus, wenn du es ablesen willst. Lies den Messwert zügig ab, falls du es doch herausnehmen musst.

1 Regeln begründen

a) Begründe, warum du beim Ablesen der Temperatur immer senkrecht auf die Skala schauen sollst, auf Augenhöhe mit dem Thermometer.
b) Erkläre, weshalb ein Thermometer beim Ablesen in der Flüssigkeit bleiben sollte.
c) Warum muss man die Temperatur der Luft immer im Schatten messen?

2 Wassertemperaturen richtig messen

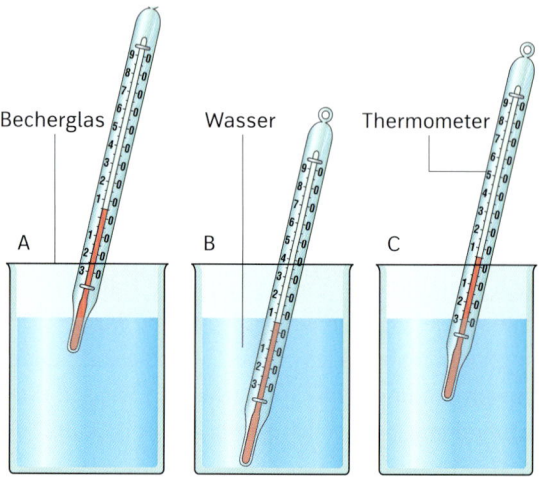

In einem Becherglas wird 5 Minuten lang Wasser erhitzt. Dann soll die Wassertemperatur gemessen werden. Überlege nun, wie du das Thermometer richtig verwendest. Wähle zwischen den drei Methoden A, B und C. Begründe deine Entscheidung.

3 Tagestemperatur ablesen und notieren

a) Lies eine Woche lang die Außentemperatur an einem Thermometer ab, entweder an der Schule oder zu Hause. Achte darauf, dass das Thermometer immer im Schatten hängt. Lies die Temperatur immer zur gleichen Zeit ab. Trage die Messwerte in eine Tabelle ein. Sie kann etwa so aussehen:

Monat	Oktober			
Datum	1.10.	2.10.	3.10.	4.10.
Temperatur	12 °C	10 °C	9 °C	11 °C

b) Probiere einmal aus, ob du einen anderen Wert abliest, wenn du schräg von oben oder unten auf die Skala des Thermometers schaust.
c) Überlege dir, wie du die Messwerte aus der Tabelle übersichtlich darstellen kannst. Auf der nächsten Seite findest du einige Hinweise darauf.
Erstelle dann ein Temperatur-Schaubild mit deinen eigenen Messwerten.

So kannst du Messwerte darstellen

Beim Erhitzen von Wasser hat sich ein Schüler diese Messwerte notiert:

Zeit	Temperatur
Beginn der Messung	17 °C
1 min	19 °C
2 min	25 °C
3 min	34 °C
4 min	45 °C
5 min	56 °C
6 min	68 °C

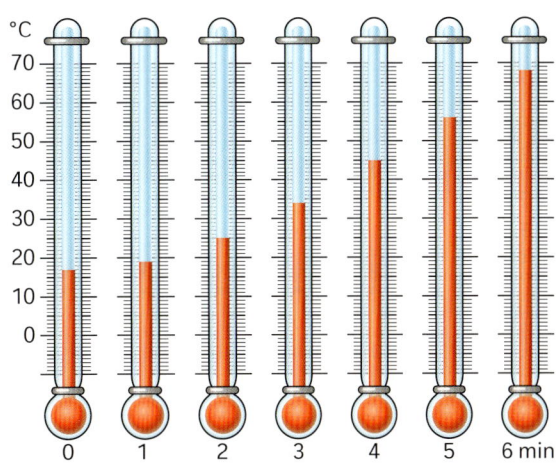

1 Die Abbildung zeigt die Temperaturen sehr übersichtlich an, es macht aber viel Arbeit

Von den Messwerten zum Diagramm. Um die Messwerte anschaulich zu machen, kann man sie in einem Schaubild darstellen.

Bei der **ersten Abbildung** erkennt man gleich, dass es sich um Messwerte von Temperaturen handelt. Für jede Messung hat man hier nämlich das Thermometer selbst in vereinfachter Form gezeichnet. Diese Darstellung ist zwar sehr anschaulich, es macht aber viel Arbeit.

Die **zweite Abbildung** ist schon etwas einfacher. Hier sind die Temperaturwerte als Linien mit unterschiedlicher Länge in ein Schaubild eingezeichnet. Das entspricht der Höhe der Thermometerflüssigkeiten in der Abbildung 1.

Bei der **dritten Abbildung** sind die Messwerte nur noch als Punkte eingetragen und mit einer Linie verbunden worden. Mit einer solchen Messkurve lassen sich Änderungen der Temperatur gut verfolgen. Diese Darstellungsform wird sehr oft verwendet.

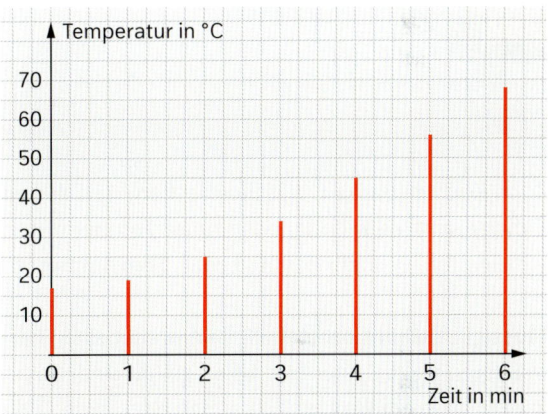

2 Einfacher ist es, wenn man nur die Höhe der Temperatur als Linie in ein Schaubild einträgt

1 Ein Schaubild erstellen

Petra hat eine Woche lang die Frühtemperaturen gemessen:

Mo	Di	Mi	Do	Fr	Sa	So
12 °C	14 °C	16 °C	15 °C	9 °C	10 °C	11 °C

Erstelle ein Diagramm mit Messpunkten und verbinde die Punkte zu einer Kurve.

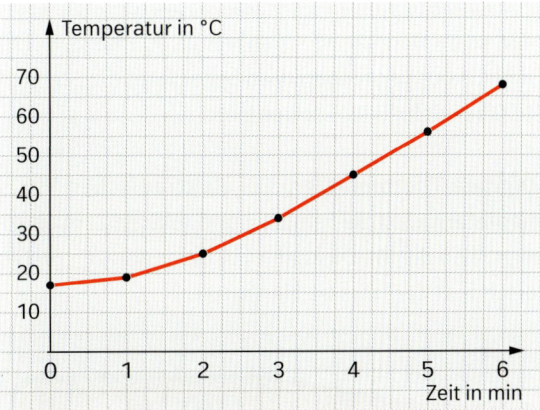

3 Hier sind die Messwerte nur noch als Punkte eingetragen – und miteinander verbunden

Vielfalt der Thermometer

1 Flüssigkeits-thermometer

1 Temperaturen im Alltag

a) Wann ist es wichtig, bestimmte Temperaturen einzuhalten? Denke zum Beispiel an die Küche…

b) Woran erkennst du, ob ein Thermometer auch für Draußen geeignet ist?

2 Thermometer – Vorteile und Nachteile

a) Was ist leichter abzulesen, ein Flüssigkeitsthermometer oder ein digitales Thermometer?

b) Deine kleine Schwester ist krank. Du holst das Fieberthermometer. Doch auf der Anzeige erscheint nur „low batt". Welchen Nachteil hat ein elektronisches Digital-Thermometer?

Beim Kochen, Backen, Wäschewaschen, Heizen und Einfrieren ist es wichtig, bestimmte Temperaturen einzuhalten. Deshalb benötigt man **Thermometer.**

Flüssigkeitsthermometer. Weit verbreitet sind Thermometer, die mit einer Flüssigkeit gefüllt sind. Damit kannst du in der Wohnung, Draußen oder in der Tiefkühltruhe messen. In der Schule verwendet man es auch für Experimente. Beim Ablesen musst du genau von vorne auf die Skala schauen.
Je nachdem, wofür es hergestellt worden ist, kann man es im Bereich zwischen minus 40 und plus 110 Grad Celsius verwenden. Man bezeichnet dies als den **Messbereich** eines Thermometers.

Digitale Thermometer. Bei **elektronischen Thermometern** wird die Temperatur direkt als Zahl angezeigt, also digital. Da kann man beim Ablesen nichts falsch machen. Das ist ein Vorteil.

2 Elektronisches Fieberthermometer

Es ist auch nützlich, dass man bei einigen Geräten den Messfühler von der Anzeige trennen kann. Der Messfühler ist dann über ein Kabel oder über eine Funkverbindung mit der Anzeige verbunden.
Ein elektronisches **Fieberthermometer** zeigt die Temperatur besonders genau an. Doch wenn auf der Anzeige der Hinweis „low batt" erscheint, hast du Pech: Das bedeutet, dass du eine neue Batterie einsetzen musst. Gerade bei Fieber ist das ärgerlich.

Infrarot-Thermometer.
Diese Geräte messen Temperaturen ohne Berührung, auch in mehreren Metern Entfernung. Die Feuerwehr spürt damit Brandherde auf. Ein Elektriker prüft, ob in einer elektrischen Anlage ein Kabel verschmort. Auch in der Schule ist so ein Gerät nützlich: Es hat einen sehr großen Messbereich und liefert sekundenschnell Ergebnisse.

3 Infrarot-Thermometer

MERKE
▶ Weit verbreitet im Alltag sind Flüssigkeitsthermometer, etwa als Zimmerthermometer.
▶ Elektronische Thermometer lassen sich leicht ablesen, benötigen aber stets Batterien.
▶ Infrarot-Thermometer können Temperaturen sekundenschnell ohne Berührung messen.

3 Fragen zum Text
a) Welche Thermometer kannst du leicht ablesen?
b) Welchen Nachteil haben digitale Thermometer?

4 Das richtige Thermometer
a) Welches Thermometer passt zu diesen Messbereichen? 35 - 42 °C/ –40 - 50 °C / 0 - 1500 °C
b) Wie misst man hier die Temperaturen: Sehr heißes Wasser, Körpertemperatur, flüssiges Glas bei 1400°C?

Hohe und tiefe Temperaturen

Solarwärmekraftwerk in Spanien:
4 000 °C

Flüssiges Eisen: 1 500 °C

Backofen: 250 °C

Funtensee, kältester Ort Bayerns:
– 45 °C

15.000.000 °C

6.000 °C

3.000 °C

1.000 °C

500 °C

200 °C

100 °C

0 °C

– 100 °C

– 200 °C

– 273 °C

Kern der Sonne: 15 Millionen °C
Oberfläche der Sonne: 6 000 °C

Brennendes Streichholz: 500-800 °C

Schmelztemperatur von Eis: 0 °C

Flüssiger Stickstoff: – 196 °C

So arbeitet ein Forscher

Wie kommt man eigentlich dahinter, warum Vorgänge in der Natur auf eine ganz bestimmte Art ablaufen? Eine wichtige Hilfe für Forscher sind dabei Experimente. Wie man dabei vorgeht, zeigt dieses Beispiel.

1. Am Anfang steht meistens eine Beobachtung

Aylin steht am Bahnsteig und wartet auf ihren Zug zur Schule. Dabei fallen ihr die Oberleitungen der Bahn auf. Schon mehrmals hat sie beobachtet:
– Die Oberleitungen werden über Rollen geführt
– Gewichte ziehen die Leitungen straff.
– Die Gewichte hängen manchmal hoch (bei kühlem Wetter), manchmal aber auch tief.

2. Daraus ergeben sich einige Fragen

Warum werden die Leitungen über Rollen geführt? Warum hängen die Gewichte nicht immer gleich hoch? Was wäre, wenn die Leitungen ohne diese Gewichte befestigt wären?

3. Nun stellt man verschiedene Vermutungen an

Aylin überlegt: Wenn die Gewichte mal höher, mal tiefer hängen, dann liegt das vielleicht daran, dass sich die Leitungen verlängern oder verkürzen. Wahrscheinlich hängt das davon ab, ob es warm oder kalt ist. Vielleicht verlängern sich die Leitungen durch die Wärme der Sonne?

4. Mit einem Experiment kann man diese Vermutung überprüfen

Zunächst plant Aylin das Experiment mithilfe einer Skizze und einer Materialliste:

Stativ

Umlenkrolle

Tisch-klemme

Material:
3-4 m Kupferdraht,
Umlenkrolle, Tisch-klemmen, Gewicht,
Stift, Stativmaterial,
Kerzen oder Brenner

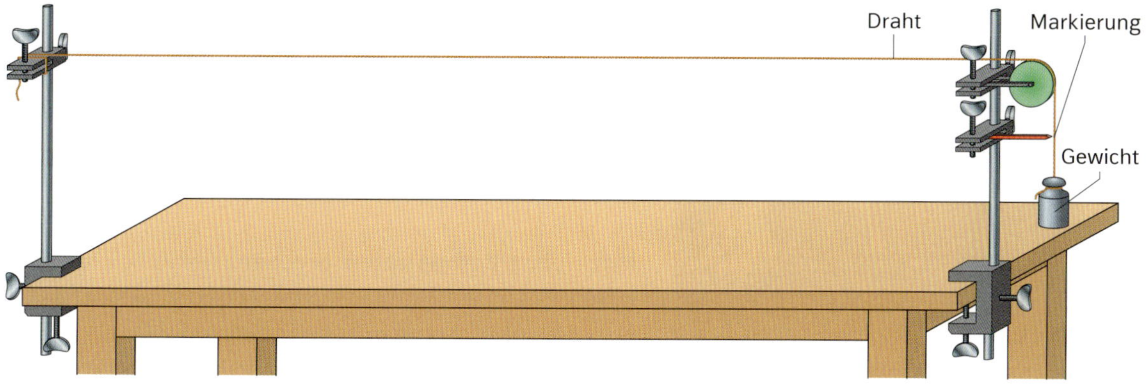

Draht   Markierung

Gewicht

Ausdehnung

Sie macht folgende **Beobachtungen:**

Die Gewichte am Ende der Leitungen hängen etwas tiefer, wenn der Draht erwärmt worden ist.

5. Das Versuchsergebnis bestätigt oder widerlegt die Vermutungen

Aylin sieht ihre Vermutungen bestätigt: Draht dehnt sich beim Erwärmen aus. Ihr Ergebnis:

> Also, bei großer Hitze dehnen sich die Oberleitungen aus. Deshalb hängen an heißen Tagen die Gewichte an den Leitungen merklich tiefer. Die Gewichte halten die Leitungen straff, damit sie nicht die Züge berühren.

6. Um das Ergebnis zu kontrollieren, kann das Experiment wiederholt werden.

Was geschieht, wenn feste Körper erwärmt werden?

Wenn es im Sommer richtig heiß ist, kann es auf Autobahnen zu gefürchteten „Blow-ups" kommen. So bezeichnet man es, wenn die Fahrbahndecke aufplatzt, weil dort Betonplatten zerbrechen. Das kann sehr gefährlich sein, weil man darauf nicht vorbereitet ist! Hast du eine Vermutung, wie so etwas zustande kommt?

2 Die Türe klemmt ...

Ist dir das auch schon passiert? Die Balkontüre lässt sich in der Mittagshitze im Sommer kaum noch schließen. Am Morgen hat sie aber noch einwandfrei funktioniert. Was könnte mit der Türe in der Hitze passiert sein?

Wenn die Türe klemmt. In sehr heißen Sommern kommt es manchmal vor, dass sich Türen oder Fenster nicht mehr so schließen lassen wie sonst. Das liegt oft daran, dass sich Türen oder Fenster in der Sommerhitze ausgedehnt haben; Türe und Rahmen passen nicht mehr so gut zusammen, es klemmt.

Hitze lässt Betonplatten brechen. Gefährlich kann es werden, wenn auf Autobahnen die Fahrbahn aufbricht. Das passiert nur im Sommer bei Fahrbahnen, die aus einzelnen Betonplatten bestehen. Die Platten können sich in der Sommerhitze stark ausdehnen. Sie drücken dann so sehr gegeneinander, dass sie zerbrechen.

Brücken in Gefahr. Auch eine Brücke ist im Winter etwas kürzer, im Sommer etwas länger. Bei einer 100 m langen Betonbrücke kann der Unterschied bis zu 5 cm betragen. Bei solchen Veränderungen treten gewaltige Kräfte auf. Damit Brücken dabei nicht beschädigt werden, muss man etwas tun: Die Brücken werden nicht fest am Boden verankert, sondern beweglich gelagert, zum Beispiel auf Rollen. So kann sich die Brücke ausdehnen und wieder zusammenziehen, ohne dass etwas zerbricht. Damit die Fahrbahn auf der Brücke die Ausdehnung mitmacht, baut man Dehnungsfugen aus Metall ein. Bei Hitze ist der Spalt der Dehnungsfuge dann schmal, bei Kälte ist er breit.

2 *Lange Brücken (A) werden beweglich auf Rollen gelagert (B); auf der Fahrbahn sieht man Dehnungsfugen (C)*

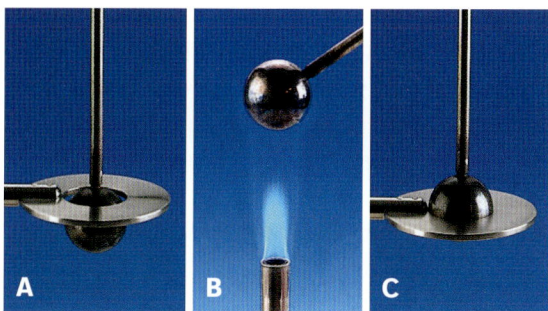

1 Eine Eisenkugel wird erhitzt... und dehnt sich aus

Experiment zur Wärmeausdehnung. Die Eisenkugel oben passt bei Zimmertemperatur genau durch die Öffnung des Ringes (A). Erhitzt man die Kugel aber (B), passt sie anschließend nicht mehr durch den Ring (C). Sie hat sich durch die Hitze nach allen Seiten gleichmäßig ausgedehnt; sie hat also ihr **Volumen vergrößert**. Wenn sich die Kugel abkühlt, zieht sie sich wieder zusammen und fällt durch den Ring.

Feste Körper dehnen sich bei Erwärmung aus. Die Beispiele aus dem Alltag und aus der Technik zeigen, was auch allgemein gilt: Die meisten **festen Körper dehnen sich aus,** wenn man sie **erwärmt**. Wenn man sie abkühlt, ziehen sie sich wieder zusammen. Die **Wärmeausdehnung** ist abhängig
- vom **Material**,
- von der **Größe des Körpers** und
- vom **Temperaturunterschied**.

So vermeidet man Schäden. Wenn man die Wärmeausdehnung schon beim Bau berücksichtigt, kann man Schäden vermeiden: Zwischen Betonteilen lässt man Fugen und füllt diese mit elastischem Material; Brücken lagert man beweglich auf Rollen.

//

MERKE
▶ Die meisten festen Körper dehnen sich beim Erwärmen aus. Beim Abkühlen ziehen sie sich wieder zusammen.
▶ Die Wärmeausdehnung hängt vom Material, von der Größe des Körpers und vom Temperaturunterschied ab.
//

1 Fragen zum Text
a) Warum lagert man größere Brücken beweglich auf Rollen?
b) Beschreibe kurz, wie sich ein fester Gegenstand verändert, wenn er erwärmt wird.
c) Wie verändert sich ein fester Gegenstand beim Abkühlen?
d) Von welchen drei Bedingungen hängt es ab, wie stark die Wärmeausdehnung ist?

2 Fliesenleger im Badezimmer
In einem Badezimmer werden manche Fugen mit elastischem Material gefüllt. Überlege, warum man das macht.

3 Modellversuch zur Wärmeausdehnung
Eine Metallstange ist am linken Ende fest eingespannt. Das rechte Ende liegt auf einem kleinen Metallrohr, an dem ein Zeiger befestigt ist.
a) Erkläre, wie sich die Stange verändert, wenn sie erhitzt wird.
b) Begründe, wie sich dann der Zeiger auf dem kleinen Rohr bewegt.
c) Was müsste man tun, damit der Zeiger sich weiter bewegt?

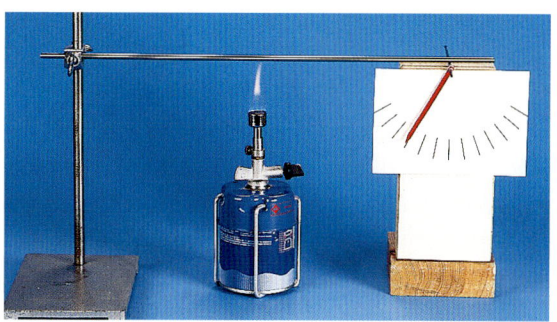

Bimetall-Streifen – eine nützliche Erfindung

Hast du schon einmal ein **Bimetall-Thermometer** gesehen? Man erkennt es an der kleinen Spirale, an der ein Zeiger befestigt ist.

Steigt die Temperatur, dann krümmt sich die Spirale so, dass der Zeiger auf der Skala eine höhere Temperatur anzeigt. Wie funktioniert das?

Der Bimetall-Streifen. Der Metallstreifen in so einem Thermometer besteht aus einem besonderen Material. Man nennt es **Bimetall**. Es besteht aus zwei verschiedenen Metallschichten, etwa aus Eisen und Kupfer. Sie sind fest miteinander verbunden. Wenn es wärmer wird, dann dehnen sich die beiden Metalle aus. Allerdings dehnt sich das **eine Metall** (Kupfer) **stärker** aus als das andere (Eisen). Deshalb verbiegt sich der Bimetall-Streifen.

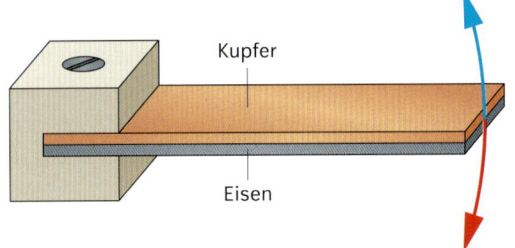

Kupfer

Eisen

So funktioniert ein Bimetall-Thermometer. Bei einem Thermometer ist ein solcher Streifen zu einer Spirale gedreht. Wird es wärmer, dreht sich der Zeiger auf der Spirale nach rechts und zeigt die höhere Temperatur an. Wird es kühler, dreht sich die Spirale wieder zurück, sodass der Zeiger eine niedrigere Temperatur anzeigt.

Bimetall-Streifen als Schalter. Hast du schon einmal bei einem **Bügeleisen** das Klick-Geräusch gehört? Man hört es, wenn ein Bimetall-Schalter die Heizung im Bügeleisen ein- oder ausschaltet.
Beim Bügeleisen stellt man die gewünschte Temperatur über einen Drehschalter ein. Die Temperatur des Geräts wird dabei von einem Bimetall-Schalter automatisch geregelt:
– Ist die gewünschte Temperatur noch nicht erreicht, ist der Stromkontakt über das Bimetall geschlossen, die Heizung bekommt Strom und heizt.
– Ist die eingestellte Temperatur erreicht, hat sich das Bimetall erwärmt. Es biegt sich dann weg vom Schaltkontakt und öffnet den Stromkreis. Die Heizung bekommt dadurch keinen Strom mehr – und das Gerät kühlt sich wieder ab.

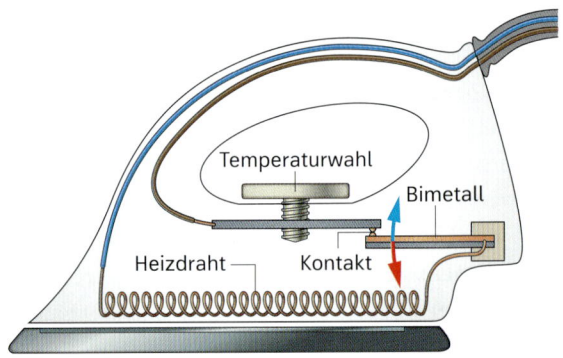

Temperaturwahl

Bimetall

Heizdraht   Kontakt

Der Trick mit dem Kaugummipapier. Kaugummistreifen sind meistens in „Silberpapier" verpackt. Schneidet man davon einen schmalen Streifen ab, kann man ein interessantes Experiment machen: Hält man so einen Streifen mit einer Pinzette vorsichtig über eine Kerzenflamme, so verbiegt er sich…

1 Überlege, ob du erklären kannst, warum sich das Kaugummipapier verbiegt. Überprüfe dazu, wie das „silberne Papier" genau aufgebaut ist…

Brennerführerschein für Einsteiger

Im Unterricht wird bei Versuchen häufig mit Kartuschenbrennern gearbeitet. Damit beim Umgang mit diesen Geräten keine Unfälle geschehen, muss man sie richtig bedienen können und einige Bedienungs- und Sicherheitshinweise beachten.

Bedienungshinweise

1. Stelle den Brenner kippsicher auf eine waagrechte, feuerfeste Unterlage.

2. Achte darauf, dass sowohl Gas- als auch Luftzufuhr des Brenners geschlossen sind.

3. Halte ein brennendes Streichholz oder einen Anzünder seitlich an den Brennerkopf.

4. Öffne nun vorsichtig den Gashahn, aber nicht zu weit.

5. Stelle jetzt die Flamme auf die gewünschte Höhe ein.

6. Öffne die Luftzufuhr und stelle so die nicht leuchtende Flamme ein.

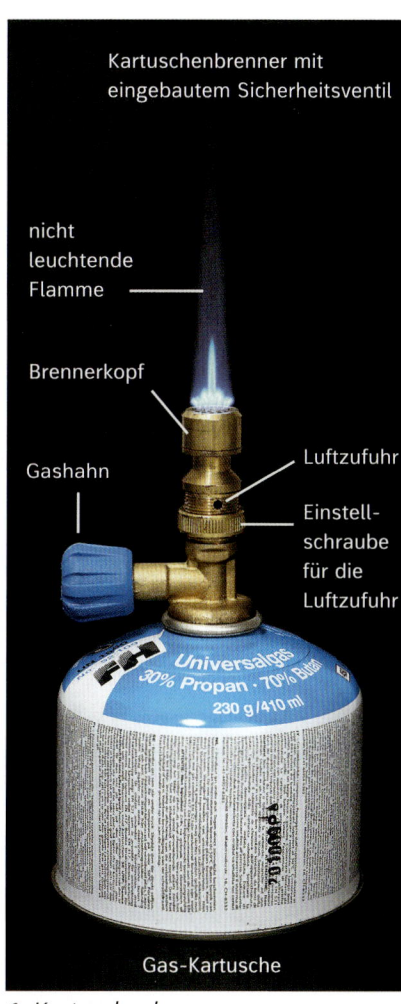

Kartuschenbrenner mit eingebautem Sicherheitsventil

nicht leuchtende Flamme

Brennerkopf

Gashahn

Luftzufuhr

Einstellschraube für die Luftzufuhr

Universalgas 30% Propan · 70% Butan 230 g / 410 ml

Gas-Kartusche

1 Kartuschenbrenner

Wenn du mit dem Brenner richtig umgehen kannst – ein wenig Übung ist schon nötig – kann dir deine Lehrerin oder dein Lehrer einen **Brennerführerschein für Einsteiger** ausstellen.

Sicherheitsratschläge

1. Setze bei allen Versuchen mit dem Brenner eine Schutzbrille auf.

2. Binde lange Haare hinter dem Kopf zusammen. Trage keine Schals oder Tücher; stecke Schnüre an Pullovern ein, damit du nirgends hängenbleibst.

3. Erkundige dich, wo Löschdecke und Feuerlöscher untergebracht sind.

4. Stelle die Flamme so ein, dass sie nicht raucht.

5. Richte beim Erhitzen die Öffnung des Reagenzglases immer weg von den Personen.

6. Lass den Brenner nie unbeaufsichtigt brennen.

Flüssigkeiten dehnen sich bei Erwärmung aus

Fülle ein Glasgefäß komplett mit Wasser. Setze oben einen Stopfen mit Loch und einem offenen Glasrohr auf. Markiere den Wasserstand mit einem Filzstift.

Erhitze den Glaskolben. (Achtung, Verbrennungsgefahr!) Beschreibe, was dann geschieht.

Lass den Kolben anschließend langsam wieder abkühlen.

2 Zeitungsmeldung: Achtung, Brandgefahr!

a) Lies den Zeitungsartikel unten.
b) Fasse nochmal zusammen: Weshalb kann es gefährlich sein, das Auto randvollzu tanken?

Bei Hitze nicht randvoll tanken!

Im Sommer sollte man den Tank im Auto oder beim Motorrad nicht randvoll füllen. Das könnte gefährlich werden.

Das Benzin wird bei Tankstellen in unteririschen Tanks kühl gelagert. Steht das Fahrzeug aufgetankt in der Sonne, erwärmt sich das Benzin. Es kann sich bei einem randvoll gefüllten Tank so stark ausdehnen, dass es überläuft. Dann besteht höchste Brandgefahr!

2 Zeitungsmeldung

Flüssigkeiten dehnen sich bei Erwärmung aus. Egal, ob es Wasser ist oder Benzin im Auto-Tank: **Flüssigkeiten dehnen sich aus**, wenn sie sich **erwärmen**. Beim Abkühlen ziehen sie sich wieder zusammen. Man kann feststellen:

- Verschiedene Stoffe dehnen sich **unterschiedlich** stark aus.
- **Je stärker** Flüssigkeiten **erwärmt** werden, **desto stärker** dehnen sie sich **aus**.

Ein Beispiel: Steigt die Temperatur von 10 °C auf 30 °C, dann dehnen sich 50 Liter Benzin um etwa einen Liter aus.

Eine wichtige Anwendung: das Thermometer. Glasröhrchen, die mit einer Flüssigkeit gefüllt sind, nutzen wir als Thermometer:

Wenn es wärmer wird, dehnt sich die Flüssigkeit im Röhrchen aus und steigt höher. Wird es kühler, zieht sich die Flüssigkeit wieder zusammen und sinkt.

Wenn man am Röhrchen eine Skala anbringt, kann man es eichen und als Thermometer benutzen.

MERKE

▶ Flüssigkeiten dehnen sich beim Erwärmen aus. Beim Abkühlen ziehen sie sich wieder zusammen.

3 Fragen zum Text

a) Wie verhalten sich Flüssigkeiten, wenn sie erwärmt werden?
b) Ergänze den Satz: Je stärker Flüssigkeiten erwärmt werden, desto …
c) Warum sinkt die Flüssigkeitssäule bei einem Thermometer, wenn es kühler wird?

4 Die Heizöl-Rechnung

Wenn Heizöl geliefert wird, wird immer auch die Temperatur des Öls beim Befüllen notiert. Weshalb muss das für die Rechnung berücksichtigt werden?

Gase dehnen sich bei Erwärmung aus

1 Die tanzende Münze

Beim nächsten Geburtstag kannst du diesen kleinen Zaubertrick vorführen: Nimm eine leere Flasche, stelle sie etwa ein bis zwei Stunden in den Kühlschrank. Befeuchte dann den Rand der Flasche mit Wasser. Lege eine Münze auf den Rand, sodass die Flasche damit verschlossen wird.

Lege deine Hände um die Flasche. Nach einer Weile bewegt sich die Münze wie von Geisterhand… Versuche, zu erklären, was geschehen ist.

2 Luft in einer Flasche erwärmen

Blase einen Luftballon auf, damit er schon etwas vorgedehnt ist. Lass die Luft dann gleich wieder ab. Stülpe den leeren Luftballon auf eine Flasche.

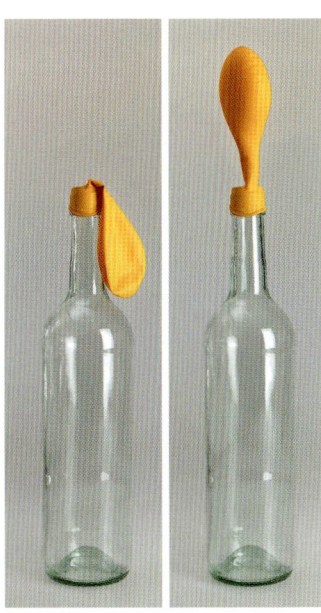

Erwärme die Flasche anschließend, zum Beispiel mit einem Haartrockner. Oder stelle sie in einen Topf mit heißem Wasser.
a) Was beobachtest du?
b) Lass die Flasche wieder abkühlen.
c) Was beobachtest du jetzt?
d) Erkläre nun, was dieses Experiment zeigt.

Luft wird erwärmt und abgekühlt. Wenn du eine Münze auf den Rand einer Flasche legst und die Flasche erwärmst, beginnt die Münze sich zu bewegen. Das ist natürlich keine Zauberei: Die Luft in der Flasche erwärmt sich. Dabei dehnt sie sich aus. Dadurch wird die Münze hochgedrückt. Das Experiment zeigt also: Luft **dehnt sich beim Erwärmen aus.**
Beim Abkühlen zieht sich die Luft wieder zusammen. Das erkennst du, wenn sich die Flasche in Aufgabe 2 wieder abkühlt. Dann zieht sich die Luft wieder etwas zusammen, der Luftballon fällt wieder zusammen.

Gase dehnen sich bei Erwärmung aus. Was für Luft gilt, gilt auch für alle anderen Gase: Sie dehnen sich bei Erwärmung aus; beim Abkühlen ziehen sie sich wieder zusammen.

MERKE
► **Wenn man Gase erwärmt, dehnen sie sich aus. Beim Abkühlen ziehen sie sich wieder zusammen.**

3 Fragen zum Text
a) Warum bewegt sich die Münze auf der Flasche, wenn die Flasche erwärmt wird?
b) Was passiert mit Luft, wenn sie erwärmt wird?
c) Was geschieht mit Luft, wenn sie sich abkühlt?

4 Die Delle im Tischtennisball
Ein Tischtennisball ist etwas eingedrückt, er hat eine Delle. Es gibt aber einen Trick, um die Delle wieder herauszubekommen. Dafür braucht man heißes Wasser in einem Topf… Schaue die Bilder an und erkläre, was man dabei tun muss.

1 Eisen wird immer weiter zerteilt

1 Eisen – immer kleiner…

Ein Stück Eisen kann man immer weiter zerkleinern. Man erhält erst kleinere Eisenstücke, dann Eisenspäne und schließlich feines Eisenpulver.
Wie lange kann man es immer weiter zerteilen…?

Das Teilchenmodell. Stellt dir vor, ein Eisenstück wird immer weiter und weiter zerteilt. Dann würde man irgendwann zu ganz winzigen Eisenteilchen kommen, die nicht mehr zerlegbar sind.
Man stellt sich diese Teilchen als **kleine Kugeln** vor. Alle Eisenteilchen sind gleich groß und gleich schwer. Sie sind so klein, dass man sie einzeln nicht mehr sehen kann. Wir sprechen daher von einem **Teilchenmodell**.
Nicht nur Eisen, sondern auch alle anderen Stoffe bestehen aus kleinen Teilchen.

Erwärmte Stoffe dehnen sich aus. In einem Eisenstab liegen die Teilchen sehr dicht zusammen. Allerdings schwingen sie ständig ein wenig hin und her. Wird nun der Stab **erwärmt, nimmt** die **Bewegung** der Teilchen **zu**. Dadurch nehmen sie einen **größeren Raum** ein. Der Stab **dehnt sich** deshalb **aus**.
Auch bei Flüssigkeiten und Gasen **bewegen sich** die Teilchen **umso schneller, je höher die Temperatur ist**. Die Folge ist, dass sich auch Flüssigkeiten und Gase beim Erwärmen ausdehnen.

MERKE

▶ Beim Erwärmen bewegen sich die kleinen Teilchen aller Stoffe schneller. Sie nehmen deshalb einen größeren Raum ein.

Feststoff . . .   dehnt sich aus

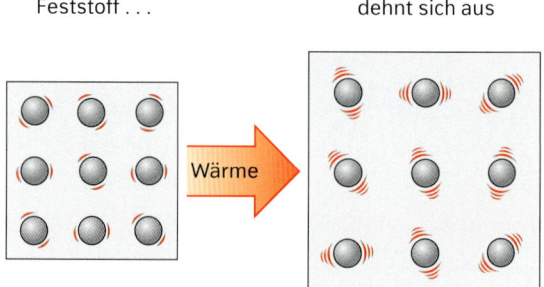

2 Feste Stoffe dehnen sich beim Erwärmen aus

Flüssigkeit . . .   dehnt sich aus

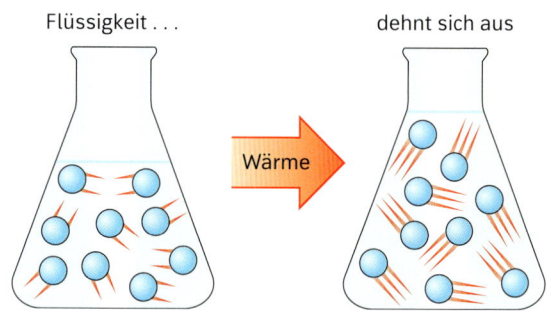

3 Flüssigkeiten dehnen sich beim Erwärmen aus

Gas . . .   dehnt sich aus

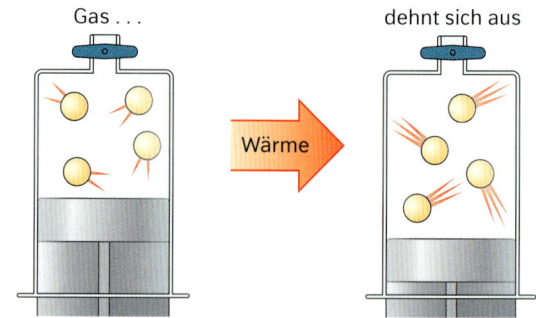

4 Gase dehnen sich beim Erwärmen aus

2 Fragen zum Text

a) Wie sind nach dem Teilchenmodell alle Stoffe aufgebaut?

b) Wie verhalten sich die kleinen Teilchen beim Erwärmen?

1 Papierschlange

a) Halte eine Papierschlange an einem Faden über eine warme Heizung oder über eine warme Heizplatte. Was beobachtest du?

b) Halte nun deine Handfläche über die Heizung. Spürst du, wie warme Luft aufsteigt?

c) Erkläre nun deine Beobachtungen aus der Aufgabe a).

2 Warme Luft im Kreislauf

Es ist Winter. Draußen ist es kalt, die Heizung ist eingeschaltet.

a) Überlege, wo ist es in einem beheizten Zimmer am wärmsten, an der Zimmerdecke oder am Boden?

b) Die Heizkörper sind in einem Zimmer meistens nur an einer Zimmerseite eingebaut. Betrachte die Abbildung 2 und erkläre dann: Wie kann es sein, dass nach einer Weile das gesamte Zimmer warm ist?

Wärmeströmung bei Luft. Schon mit der Hand kannst du fühlen, dass erwärmte Luft nach oben steigt, zum Beispiel über der Heizung oder über einer Kerze. Eine Papierschlange beginnt sich dann zu drehen. Warme Luft ist nämlich leichter als kühle Luft. So funktioniert auch die Heizung in einem Zimmer: Die Luft in der Nähe des warmen Heizkörpers wird erwärmt und steigt nach oben. Sie strömt unter der Decke entlang und kühlt dabei langsam wieder ab. An der anderen Seite des Zimmers sinkt die abgekühlte Luft wieder nach unten. Nach einiger Zeit ist das gesamte Zimmer ungefähr gleich warm.

Man nennt diesen Vorgang **Wärmeströmung** (oder auch Wärmemitführung), weil die Wärme von der strömenden Luft transportiert wird.

Wärmeströmung bei Wasser. Ein Heizkörper wird warm, weil er warmes Wasser enthält. Meistens bekommt er es über eine Leitung aus dem Keller. Dort wird kaltes Wasser durch einen Brenner erwärmt und steigt nach oben. Das strömende Wasser gibt die Wärme an den Heizkörper ab und fließt abgekühlt wieder in den Keller zum Heizkessel zurück.

Auch beim Wasser spricht man von Wärmeströmung, weil das erwärmte Wasser die Wärme mitnimmt und an einen anderen Ort strömt, wo sie wieder abgegeben wird.

MERKE

▸ In Luft und Wasser wird Wärme durch Wärmeströmung transportiert.

▸ Die Luft oder das Wasser werden dabei erwärmt, strömen an einen anderen Ort und geben dort die Wärme wieder ab.

---

3 Fragen zum Text

a) Was geschieht mit der Luft über der Heizung?

b) Warum wird es im gesamten Raum warm, obwohl die Luft nur am Heizkörper erwärmt wird?

4 Die Weihnachtspyramide

Erkläre, weshalb sich eine Weihnachtspyramide erst dreht, wenn die Kerzen angezündet sind.

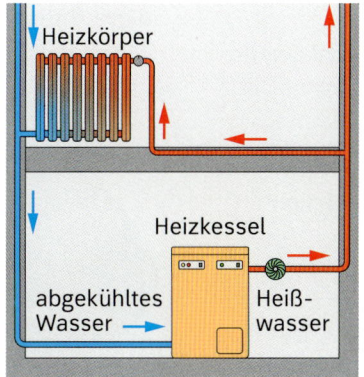
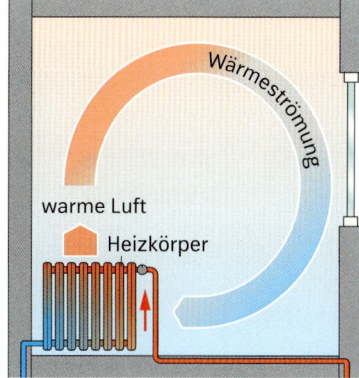

2 Wärmeströmung bei Wasser und bei Luft

Wärme breitet sich aus: Wärmeleitung

1 Autsch, das ist heiß!

Aus dem Kochtopf dampft es gewaltig. Max will schauen, was es zu essen gibt. Damit er besser sehen kann, will er mit der Schöpfkelle, die schon im Topf ist, umrühren… doch, autsch: Der Schöpfer ist so heiß, dass er einen gewaltigen Schreck bekommt und schnell wieder loslässt…

Ist dir so etwas auch schon passiert? Was sollte man besser verwenden, wenn man in einer heißen Suppe umrühren will?

2 Experiment mit verschiedenen Materialien

Gieße in ein Becherglas vorsichtig heißes Wasser.

Stelle dann einige ungefähr gleich große Löffel oder Stäbe aus verschiedenen Materialien hinein. Fühle nach einigen Minuten, wie warm die Enden geworden sind.

a) Welche Beobachtung machst du?

b) Beende diesen Satz: Je wärmer sich das Material anfühlt, desto ? ? ? ? ? ? leitet es die Wärme weiter.

c) Erstelle eine Tabelle mit den Ergebnissen des Experiments.

Material	gute Wärme-leitfähigkeit	schlechte Wärme-leitfähigkeit
Metall (Löffel)	? ? ? ? ? ?	? ? ? ? ? ? ? ?
Kunststoff (Löffel)	? ? ? ? ? ?	? ? ? ? ?
Glas	? ? ? ? ?	

Ein Löffel aus Metall, der längere Zeit in einer heißen Suppe liegt, kann sehr heiß sein. Das Metall **nimmt** die **Wärme** der Flüssigkeit auf und leitet sie rasch ans andere Ende **weiter**. Man nennt dies **Wärmeleitung**.

Experiment zur Wärmeleitung. Mit Wachskerzen und einer Eisenstange kann man gut verfolgen, wie die Wärme transportiert wird. Die Kerzen befestigt man mit einigen Tropfen Wachs auf der Eisenstange. Nun erhitzt man die Stange an einer Seite (Abb. 2). Man kann dann beobachten, wie die Kerzen Stück für Stück herunterfallen, weil das Wachs durch die Wärme schmilzt. Die Wärme wird also **vom heißen Ende** der Stange **zum kalten Ende transportiert**.

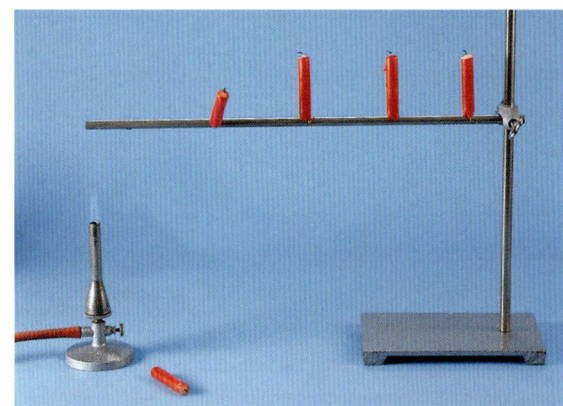

2 Experiment zur Wärmeleitung

Gute Wärmeleiter. Stellt man Stäbe aus verschiedenen Materialien in heißes Wasser, kann man spüren, dass sie die Wärme unterschiedlich gut weiterleiten. Gute Wärmeleiter sind alle **Metalle**, etwa Silber, Kupfer, Aluminium und Eisen. Deshalb verwendet man diese Materialien zum Beispiel für die Böden von Töpfen und Pfannen, für Heizkörper und Bügeleisen.

3 Metalle leiten Wärme gut

1 Diese Materialien leiten Wärme schlecht

Schlechte Wärmeleiter. Glas, Porzellan, Kunststoff und Holz leiten die Wärme schlecht. Griffe an Pfannen und Kochlöffel stellt man deshalb oft aus Kunststoff oder Holz her.

Noch schlechter als feste Materialien leiten Flüssigkeiten die Wärme weiter. Du hast vielleicht auch schon bemerkt, dass es relativ lange dauert, bis ein Gewässer im Sommer so warm ist, dass man darin baden will. Das liegt daran, dass Wasser ein relativ schlechter Wärmeleiter ist.

Wärmedämmung. Gase wie Luft leiten die Wärme am schlechtesten. Materialien, die viel Luft enthalten, wirken deshalb **wärmedämmend** oder auch **wärmeisolierend**.

Hohlziegel und Gasbetonsteine enthalten Luftkammern, die **isolierend wirken.** Auch Glaswolle-Matten haben einen hohen Anteil an Luft, ebenso wie der Schaumkunststoff Styropor. Wir nutzen diese Materialien beim Hausbau zur Wärmedämmung.

2 Material zur Wärmedämmung

Schlechte Wärmeleiter schützen vor Abkühlung.
Unser Körper produziert ständig Wärme. Wenn wir uns im Winter vor der Kälte schützen wollen, heißt das in Wirklichkeit, dass wir vermeiden müssen, Körperwärme zu verlieren.

Wir müssen also zwischen unserem Körper und die kühle Umgebung eine oder mehrere wärmeisolierende Schichten haben, dann ist uns angenehm warm.

> **MERKE**
> ▶ Wärme wird in festen Körpern durch Wärmeleitung transportiert.
> ▶ Metalle sind gute Wärmeleiter.
> ▶ Glas, Porzellan, Kunststoffe und Holz sind schlechte Wärmeleiter.
> ▶ Gase wie Luft leiten die Wärme so schlecht, dass man sie zur Wärmedämmung einsetzt.

1 Fragen zum Text
a) Wie nennt man den Wärmetransport durch einen Gegenstand wie zum Beispiel einen Löffel?
b) Warum fallen die Kerzen auf dem Eisenrohr (Abb. 2, S. 42) nacheinander herunter, wenn man es an einem Ende erhitzt?
c) Warum werden Kochlöffel aus Holz oder Kunststoff hergestellt?

2 Wärmedämmung beim Hausbau
Begründe, weshalb Bausteine aus Porenbeton die Wärme so gut dämmen können. Schaue dazu das Bild genau an.

3 Schutz vor Kälte – Schutz vor Wärme?
Schlechte Wärmeleiter schützen uns vor Abkühlung. Überlege: Was schützt uns dann vor Wärme?

4 Steinfußboden und Teppichboden im Vergleich
Ein Steinfußboden fühlt sich immer kälter an als ein Teppichboden – auch wenn sich beide im selben Zimmer befinden. Woran könnte das liegen?

Wärmedämmung in Natur und Technik

Wärmedämmung in der Natur. Tiere schützen sich vor Wärmeverlust auf verschiedene Weise.

Vögel wirken im Winter oft viel dicker als im Sommer. Sie plustern ihr Gefieder auf und erzeugen damit ein Luftpolster zwischen Körper und Umgebung. Da Luft ein schlechter Wärmeleiter ist, bleibt die Wärme am Körper.

Andere Tiere, wie Füchse, Rehe und Hasen bekommen im Winter ein Fell mit mehr Wollhaaren. Zwischen den Haaren ist viel Luft eingeschlossen. Das Fell isoliert so gut, dass sogar Schnee, der sich darauf ansammelt, nicht schmilzt.

Wärmedämmung bei Kleidung. Wir Menschen müssen uns durch Kleidung vor Wärmeverlusten schützen. Vor allem Winterkleidung besteht deshalb aus Materialien, die gut isolieren. Eine Daunenjacke mit einer Füllung aus feinen Federn hält besonders warm. Aber auch in den Zwischenräumen eines Wollpullovers ist viel Luft eingeschlossen, die wärmedämmend wirkt. So ahmen wir die Winterkleidung der Tiere nach.

2 Kleidung schützt vor Wärmeverlust

3 Wärmebild eines Hauses ohne Wärmedämmung; bei den gelben und roten Gebäudeteilen geht besonders viel Wärme verloren

Wärmedämmung in der Technik. Jedes Haus verliert Wärme an die Umgebung. Im Winter müssen wir deshalb heizen, damit es uns nicht zu kalt wird. Man baut Häuser heutzutage so, dass sie später möglichst wenig Wärme verlieren. Das erreicht man durch wärmedämmende Materialien wie Ziegelsteine, Porenbetonsteine, Schaumkunststoffe und Glaswolle.

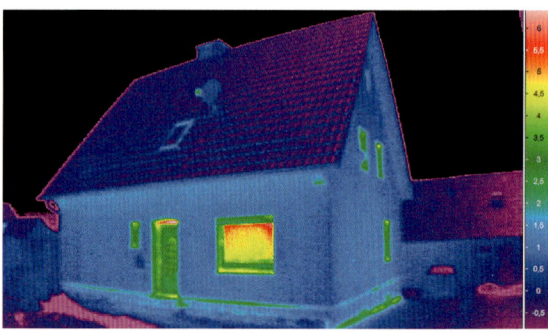

4 Wärmebild eines gut gedämmten Hauses

1 a) Welche Eigenschaften sollte ein Material zur Wärmedämmung besitzen?
b) Du bekommst den Auftrag, einen Kühlschrank zu bauen. Womit würdest du die Wände des Kühlschranks isolieren?

2 a) Ein Haus ist gut gedämmt. Überlege: Wird im Winter viel oder wenig Schnee auf dem Hausdach liegen? Begründe deine Antwort.
b) Wird es in so einem Haus im Sommer sehr warm sein – oder eher angenehm kühl?

Wärme breitet sich aus: Wärmestrahlung

1 In heißen Regionen sind die Häuser weiß gestrichen

1 Weiße Wände haben Vorteile

In Südeuropa ist es im Sommer oft sehr heiß. Es fällt auf, dass die meisten Häuser dort weiße Hauswände haben. Was glaubst du, welchen Vorteil das hat?

2 Die Wärme auf der Erde kommt von der Sonne

Die Erde wird von der Sonne mit Wärme versorgt. Vermute, wie die Wärme zu uns gelangt.

Im Sommer suchen wir gern den kühlen Schatten auf, um der Sonnenhitze zu entgehen. Wie aber gelangt die Wärme auf die Erde? Die Sonne ist ja weit weg von uns, im luftleeren Weltraum… Dort gibt es nichts, das die Wärme zur Erde leiten könnte.

Wärmestrahlung. Die Sonne sendet nicht nur Licht zur Erde, sondern auch Wärmestrahlung. Wärmestrahlung gelangt ganz ohne übertragendes Material durch den Weltraum zur Erde. Auch andere heiße Körper geben Wärme durch Strahlung ab, etwa ein Grill, eine Herdplatte oder eine Rotlichtlampe.

Dunkle Gegenstände werden besonders warm.
Wenn Wärmestrahlung auf einen Gegenstand trifft, wird sie aufgenommen. Der Gegenstand erwärmt sich. Dabei gibt es aber Unterschiede: Helle Oberflächen werfen einen großen Teil der Strahlung zurück. Dunkle Oberflächen nehmen die Strahlung besonders gut auf. Sie erwärmen sich daher viel stärker als helle Gegenstände. So kommt es, dass eine dunkle Hauswand oder ein dunkler Straßenbelag in der Sonne viel wärmer werden können als die Luft in der Umgebung.

MERKE
▶ Wärme kann durch Strahlung ohne übertragendes Material transportiert werden.
▶ Dunkle Gegenstände nehmen mehr Strahlungswärme auf als helle Gegenstände.

3 Fragen zum Text
a) Wie kommt die Wärme der Sonne auf die Erde?
b) Welche Gegenstände nehmen mehr Wärmestrahlung auf, helle oder dunkle?

4 Der Sonnenschirm schützt
Auf welche Weise schützt uns ein Sonnenschirm oder ein Sonnenhut vor der Sonnenwärme?

5 Ein Feuer wärmt
Bei einem Feuer kann es dir richtig warm werden. Welche Beobachtung zeigt dir, dass die Wärme durch Wärmestrahlung und nicht durch Wärmeströmung der Luft zu dir gelangt?

2 Wärmestrahlung gelangt durchs Weltall zu uns

3 Ein Feuer gibt Wärmestrahlung ab

1 Ein Getränk abkühlen

„Mensch, ist das aber heiß!" Francesca hat sich an dem heißen Schokogetränk fast die Zunge verbrannt. Da sie spät dran ist, möchte sie ihr Getränk rasch abkühlen. Was würdest du ihr raten, was soll sie tun?

Abkühlen – aber wie? Wer ein heißes Getränk rasch abkühlen will, kann es einfach in einen Topf mit kaltem Wasser stellen. Nach wenigen Minuten haben sich die Tasse und das Getränk abgekühlt. Das Wasser im Topf ist dadurch wärmer geworden.

Temperaturausgleich. Wenn ein heißer Gegenstand seine Wärme an einen anderen, kälteren Gegenstand abgibt, nennt man dies **Temperaturausgleich**. Der zuvor heiße Gegenstand wird also kühler; der kühlere Gegenstand wird wärmer.
Die Wärme gelangt dabei stets vom wärmeren Gegenstand zum kühleren Gegenstand.

Temperaturausgleich bei der Heizung. Auch bei Heizungen kommt es zum Temperaturausgleich:
Bei einer Heizungsanlage kann man zwei unterschiedliche Temperaturanzeigen direkt nebeneinander finden. Die Temperatur am Zulaufrohr ist stets höher als die am Ablaufrohr. Das Zulaufrohr bringt das heiße Wasser zum Heizkörper. Es fließt durch den Heizkörper; dadurch erwärmt er sich.

Der warme Heizkörper gibt die Wärme dann an die Luft der Umgebung ab. Das Wasser im Heizkörper kühlt sich durch diese Vorgänge ab. Es gelangt über das Ablaufrohr wieder zum Brenner. Dort wird es wieder aufgeheizt.

Temperaturausgleich im Teilchenmodell. In einem heißen Gegenstand schwingen die kleinen Teilchen sehr stark hin und her. In einem kühlen Gegenstand bewegen sich die kleinen Teilchen weniger. Beim Kontakt geben die schnelleren Teilchen diese Bewegung an die Teilchen im kühleren Gegenstand weiter. Die Bewegung der langsameren Teilchen wird dadurch stärker. Die Bewegung der schnelleren Teilchen wird schwächer.

MERKE
▶ **Beim Temperaturausgleich gibt ein wärmerer Gegenstand seine Wärme an einen weniger warmen Gegenstand ab.**
▶ **Der wärmere Gegenstand kühlt sich dabei ab, der kältere erwärmt sich.**

2 Fragen zum Text
a) Ein heißes Getränk soll rasch abgekühlt werden. Was kannst du tun?
b) Erkläre, was dann weiter geschieht.

3 Temperaturausgleich unerwünscht
Was musst du tun, um den Temperaturausgleich zu verzögern, etwa um einen Tee warm zu halten?

2 Temperaturausgleich bei der Heizung

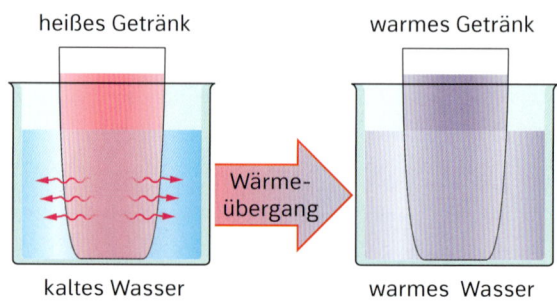

heißes Getränk   warmes Getränk

Wärme-übergang

kaltes Wasser   warmes Wasser

3 Wärmeübergang von warm zu kalt

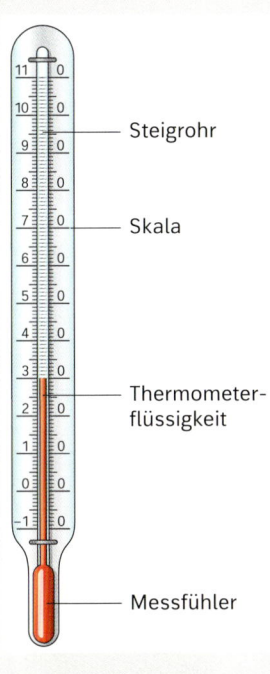

Steigrohr

Skala

Thermometer-
flüssigkeit

Messfühler

▶ Mit unserem Körper können wir Wärme und Kälte empfinden.

▶ Zum Messen von Temperaturen verwenden wir Thermometer mit einer Celsius-Skala.

▶ Weit verbreitet sind Flüssigkeitsthermometer. Die Flüssigkeit im Steigrohr steigt umso höher, je wärmer es ist.

▶ Erwärmt man feste, flüssige oder gasförmige Stoffe, dann dehnen sie sich aus. Beim Abkühlen ziehen sie sich wieder zusammen.

▶ Das Teilchenmodell erklärt die Wärmeausdehnung: Die Teilchen bewegen sich stärker und nehmen dadurch mehr Raum ein.

Flüssigkeit . . . dehnt sich aus

Wärme

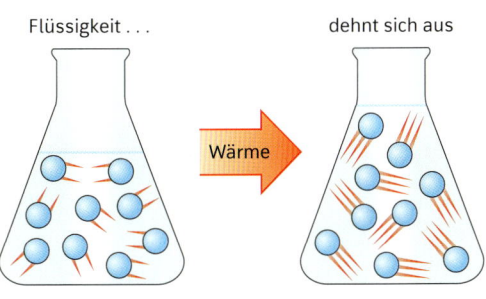

▶ Wärme wird in festen Gegenständen durch Wärmeleitung transportiert. Die Wärme breitet sich immer vom heißen zum kalten Ende hin aus.

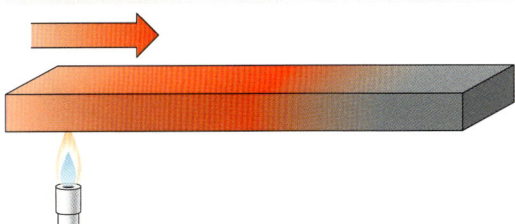

▶ Metalle sind gute Wärmeleiter. Holz und Kunststoffe leiten die Wärme schlecht.

▶ Lufthaltige Materialien eignen sich gut zur Wärmedämmung, da Luft die Wärme sehr schlecht leitet.

▶ Wärmeströmung (Wärmemitführung): Ein erwärmter Stoff strömt an einen anderen Ort und gibt dann die Wärme wieder ab.

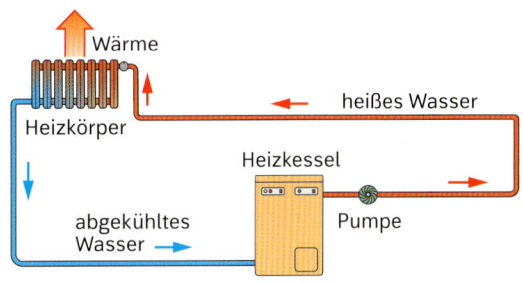

Wärme

heißes Wasser

Heizkörper

Heizkessel

abgekühltes
Wasser

Pumpe

▶ Bei der Wärmestrahlung wird Wärme ohne übertragendes Material transportiert.

Wärme, Licht

Erde

▶ Beim Temperaturausgleich gibt ein wärmerer Gegenstand seine Wärme an einen weniger warmen Gegenstand ab.

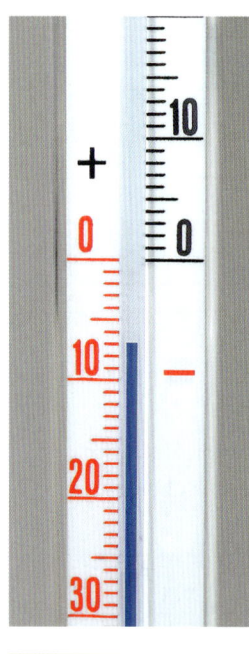

1 Thermometer

a) In welcher Einheit misst man die Temperatur?
b) Lies die Temperaturen bei den Thermometern (oben) so genau wie möglich ab.
c) Was kannst du über die Thermometer sagen, die hier abgebildet sind?
d) Erläutere kurz, wie Flüssigkeitsthermometer arbeiten.

2 Temperaturen sind wichtig…

Weshalb ist es bei den folgenden Beispielen wichtig, dass eine bestimmte Temperatur eingehalten wird…
a) … beim Backen
b) … beim Bügeln
c) … beim Einfrieren
d) … beim Wäschewaschen?

3 Temperaturdiagramm

In der Tabelle sind die Durchschnittstemperaturen für jeden Monat eines Jahres eingetragen.
Erstelle aus diesen Angaben ein Diagramm.

Jan.	Febr.	März	April	Mai	Juni
1 °C	3 °C	7 °C	10 °C	13 °C	17 °C
Juli	Aug.	Sept.	Okt.	Nov.	Dez.
19 °C	16 °C	14 °C	11 °C	6 °C	2 °C

4 Wie empfinden wir Temperaturen?

a) Du sitzt in einem Zimmer. Das Thermometer zeigt angenehme 22 °C. Welche Temperatur werden die Gegenstände im Zimmer haben, der Tisch, die Stühle usw.?
b) Was glaubst du, wie werden sich die Tischbeine aus Metall anfühlen? Begründe deine Vermutung.
Denke dabei an die Wärmeleitfähigkeit der Metalle.
c) Wie wird sich wohl die Tischoberfläche aus Holz anfühlen?

5 Der heiße Teelöffel

Ein heißer Früchtetee steht vor dir. Du rührst mit einem Löffel um und lässt ihn einige Minuten in der Tasse. Als du ihn herausnehmen willst, kannst du ihn kaum anfassen.

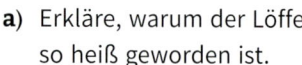
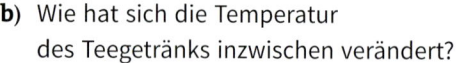

a) Erkläre, warum der Löffel so heiß geworden ist.
b) Wie hat sich die Temperatur des Teegetränks inzwischen verändert?
c) Aus welchem Material müsste der Löffel sein, damit er nicht so heiß wird?

6 Die Flasche schrumpft…

Florian hat etwas heißes Wasser in eine Plastikflasche geschüttet. Dann hat er sie gleich wieder fest verschlossen. Anschließend hat er sie mit kaltem Wasser abgekühlt. Das Ergebnis seines Experiments siehst du im Bild unten.
a) Erkläre, wie es dazu kommen konnte.
b) Was wäre geschehen, wenn Florian Eiswasser eingefüllt hätte und dann die Flasche im Wasserbad erwärmt hätte?

7 Wärme und Wärmeleitung im Alltag

a) Weshalb lagern längere Brücken oft auf Rollen?
b) Wie verändert sich ein aufgeblasener Luftballon, wenn er einige Zeit in der Sonne liegt?
c) Nenne einige gute und schlechte Wärmeleiter.
d) Es kann sein, dass du in einer Baumwolljacke frierst, in einer gleich dicken Daunenjacke aber nicht. Woran könnte das liegen?

8 Eine wirksame Hülle

a) Heizungsrohre im Keller sind meistens mit Schaumstoff umgeben. Begründe dies.
b) Erkläre, weshalb sich gerade Schaumstoff dafür gut eignet.
c) Kühlboxen besitzen oft eine Isolierung aus Styropor, damit Getränke länger kühl bleiben. Würde damit auch warmes Essen länger warm bleiben? Begründe deine Antwort.

9 Wärmestrahlung

Die Wärme auf der Erde stammt fast ausschließlich von der Sonne.
a) Auf welche Weise gelangt die Wärme von der Sonne zur Erde?
b) Begründe, weshalb es gar nicht möglich ist, dass es zwischen Sonne und Erde Wärmeleitung oder Wärmeströmung gibt.

10 Heizung im Badezimmer

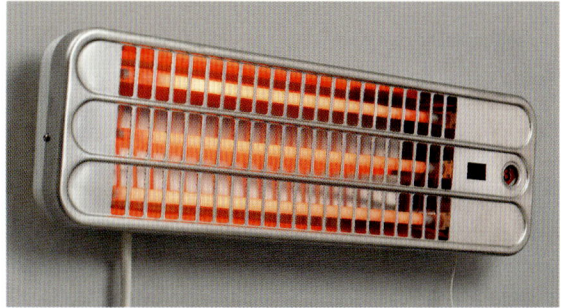

In manchen Badezimmern gibt es elektrische Heizgeräte, bei denen glühende Heizkörper zu sehen sind. Der Raum selbst wird kaum gewärmt. Stellt man sich aber davor, wird es einem rasch warm.
a) Wie wird hier die Wärme zum Körper transportiert?
b) Kennst du weitere Beispiele, bei denen solche Heizgeräte verwendet werden? Schreibe sie auf.

11 Rätsel: Wie kommt das Ei in die Flasche?

Ein gekochtes Ei rutscht durch den engen Hals in eine Glasflasche. Geht das überhaupt?
Überlege, wie das funktionieren kann. Ein Tipp: Heißes Wasser ist sehr hilfreich dabei…

Wenn du Hilfe bei den Aufgaben brauchst, schau auf den folgenden Seiten nach:

Aufgabe	Hilfe auf...	Aufgabe	Hilfe auf ...
1	S. 27	7 b	S. 39
2	S. 30	7 c	S. 42/43
3	S. 29	7 d	S. 43
4	S. 27	8	S. 43
5	S. 42/43	9	S. 45
6	S. 39	10	S. 45
7 a	S. 34/35	11	S. 39

Lösungsvorschläge zu den Trainer-Aufgaben findest du im Anhang des Buches.

Licht breitet sich aus

1 Licht besser sichtbar machen

Schaltet in einem verdunkelten Raum eine Taschenlampe ein. Leuchtet auf eine Wand in einigen Metern
Entfernung.

a) Beschreibt, wie ihr das Licht von der Seite her
seht.

b) Überlegt, wie ihr das Licht zwischen Lampe und
Wand besser sichtbar machen könnt. Probiert
aus, ob es auch funktioniert.

2 Wie breitet sich Licht aus?

a) Steche in Aluminiumfolie
mehrere feine Löcher. Decke
mit der Folie eine stark leuchtende Lampe ab.

b) Betrachte die Lampe in einem abgedunkelten
Raum. Mache das Licht mit etwas Kreidestaub
besser sichtbar.

c) Wie breitet sich das Licht aus?

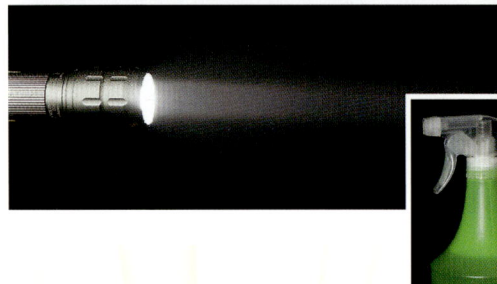

2 *Versuch zur Ausbreitung von Licht*

3 *Die Sonne ist unsere wichtigste Lichtquelle*

Lichtquellen. Körper, die selbst Licht erzeugen, heißen Lichtquellen. Unsere wichtigste Lichtquelle ist
die Sonne. Aber auch Kerzen, Lampen, Blitze oder ein
Feuerwerk sind Lichtquellen. Eine Sonnenblume oder
der Mond leuchten nicht selbst. Sie werden nur von
außen angestrahlt. Sie sind daher keine Lichtquellen.

Licht breitet sich geradlinig aus. Wenn an einem
bewölkten Tag die Sonne zwischen den Wolken
hindurchscheint, kannst du den Weg des Lichts gut
erkennen. Das Licht der Sonne ist in größere und
kleinere Lichtbündel aufgeteilt. Die Ränder der Lichtbündel sind absolut gerade. Auch in einem Experiment kannst du zeigen, dass sich das Licht geradlinig
ausbreitet (Aufgabe 2).

Darstellung von Licht. Beim Zeichnen stellt man
Licht oft als Lichtbündel dar. Dazu zeichnet man die
beiden Begrenzungslinien des Bündels. Will man ein
sehr schmales Lichtbündel zeigen, zeichnet man einen Lichtstrahl als Linie mit Pfeilspitze.

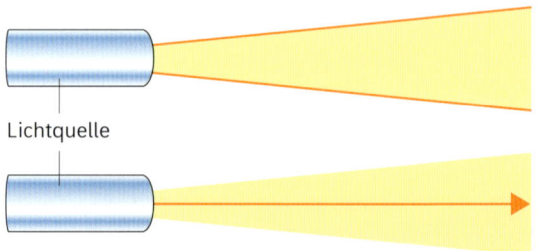

Lichtquelle

4 *Licht wird als Lichtbündel oder als Strahl dargestellt*

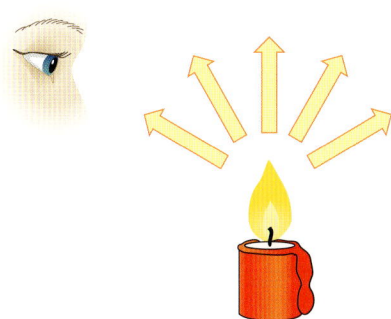

1 Wir sehen Licht direkt aus der Lichtquelle

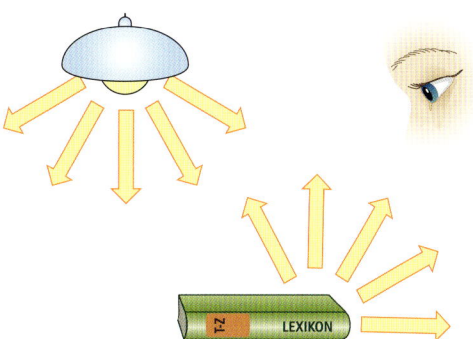

2 So sehen wir Gegenstände, die nicht selbst leuchten

Wann sehen wir Licht? Eine Kerzenflamme sendet Licht in alle Richtungen aus. Schaust du zur Kerze hin, gelangt Licht von der Kerzenflamme in dein Auge. Deshalb siehst du das Licht.

Das Licht einer Taschenlampe im dunklen Zimmer siehst du vor allem als Lichtfleck an der Wand. Von der Seite her siehst du das Licht gar nicht – oder nur ganz schwach. Der Staub im Zimmer lenkt dann etwas von dem Licht in dein Auge, sodass du es dann sehen kannst. Wenn du einen Stofflappen mit Kreidestaub ausschüttelst oder mit einem Wassersprüher feinen Wassernebel in den Raum sprühst, kannst du das Licht der Taschenlampe besser sehen.

Wann sehen wir Gegenstände, die nicht selbst leuchten? Ein Buch ist natürlich keine Lichtquelle. Warum sehen wir es dennoch? Ganz einfach: Das Licht trifft auf das Buch. Ein Teil des Lichts wird umgelenkt und gelangt dann in unser Auge. Deshalb sehen wir es. Wenn ein Gegenstand beleuchtet wird, sendet er also selbst wieder Licht in verschiedene Richtungen aus.

MERKE
- ▶ Licht breitet sich geradlinig aus.
- ▶ Wir können nur Licht sehen, das in unser Auge fällt.
- ▶ Beleuchtete Gegenstände sehen wir, weil das Licht vom Gegenstand in unsere Augen umgelenkt wird.

---

1 Fragen zum Text
- **a)** Wie breitet sich Licht aus?
- **b)** Wie können wir Licht in einer Zeichnung darstellen?
- **c)** Wann können wir Lichtstrahlen wahrnehmen?
- **d)** Weshalb können wir auch Gegenstände sehen, die nicht selbst leuchten?

2 Mondlicht
Den Mond kann man nachts oder bei klarem Himmel leuchten sehen, obwohl er selbst keine Lichtquelle ist. Erkläre dies.

3 Kerzenlicht
In einem verdunkelten Raum brennt eine Kerze.
- **a)** Beschreibe den Weg des Kerzenlichts.
- **b)** Warum können wir nicht alles in dem Raum sehen?

3 Eine Kerze strahlt Licht in alle Richtungen ab

1 Schattenspiele

3 Ein Körper wirft mehrere Schatten

1 Schattenspiele

a) Bild 1 zeigt einen Schatten, der mit Händen erzeugt wurde. Versuche selbst, solche Schatten zu erzeugen.

b) Geh mit den Händen einmal ganz nah an die Lichtquelle und dann wieder weiter weg. Wie verändert sich der Schatten dabei?

c) Formuliere einen je-desto-Satz. Verwende dabei die Begriffe größer und kleiner.

2 Sonnenuhr – selbst gemacht

So kannst du eine ganz einfache Sonnenuhr bauen. Nimm einen Blumentopf, Sand, einen dünnen Stab. Stelle die Sonnenuhr in die Sonne. Markiere auf dem Rand des Topfes einen Strich für jede volle Stunde. Schreibe möglichst auch die Zahl dazu.

a) Wie verändert sich der Schatten im Tagesverlauf?

b) Was ist die Ursache hierfür?

2 Eine einfache Sonnenuhr

Licht und Schatten. Hast du schon einmal gesehen, dass Fußballspieler abends, bei Flutlicht, nicht nur einen, sondern mehrere Schatten haben? Das liegt daran, dass sie von mehreren Lichtquellen beleuchtet werden. Jede einzelne erzeugt einen eigenen Schatten.

Ein Schatten entsteht immer dann, wenn Licht auf einen lichtundurchlässigen Körper trifft.

Schatten – groß und klein. Im Experiment oder beim Schattenspiel kannst du die Größe des Schattens verändern. Er wird umso größer, je näher du den Gegenstand an die Lichtquelle bringst. Auch wenn du die Wand, auf die der Schatten fällt, weiter weg schiebst, vergrößert sich der Schatten.

4 Der Schatten entsteht hinter dem Körper

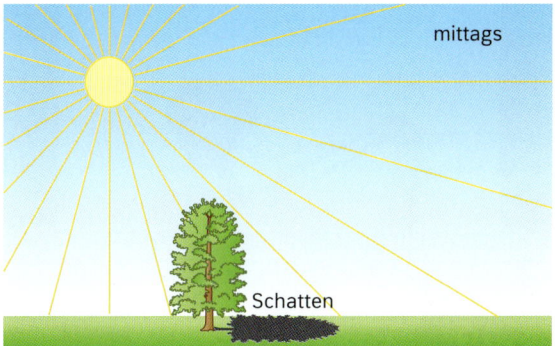

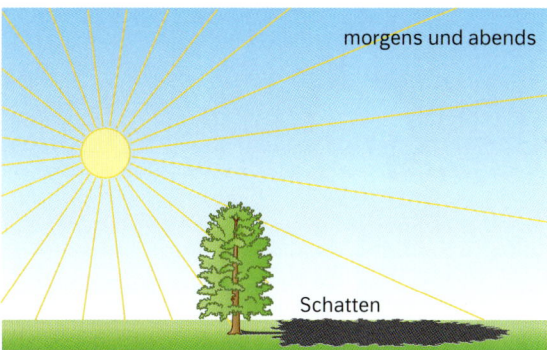

1 Der Schatten in der Natur ist morgens und abends lang – zur Mittagszeit aber klein

Der Schatten im Tagesverlauf. An einer Sonnenuhr oder an einem Baum kannst du beobachten, dass der Schatten im Laufe eines Tages wandert. Das liegt daran, dass die Erde sich einmal am Tag um sich selbst dreht.

Außerdem ist ein Schatten unterschiedlich lang: Morgens und abends ist der Schatten lang, weil die Sonne dann niedrig am Himmel steht. Zur Mittagszeit ist der Schatten klein, weil die Sonne hoch oben am Himmel steht.

MERKE

▶ **Ein Schatten entsteht, wenn Licht auf einen lichtundurchlässigen Gegenstand fällt.**

▶ **Um einen Körper herum entstehen so viele Schatten, wie Lichtquellen vorhanden sind.**

▶ **Je näher der Gegenstand an der Lichtquelle ist, umso größer wird der Schatten.**

▶ **Schatten verändern sich im Lauf des Tages.**

---

1 Fragen zum Text

a) Wann entstehen Schatten?

b) Wie viele Schatten hat ein Körper?

c) Erkläre, auf welche Weise man einen Schatten größer und kleiner machen kann.

2 Schatten im Alltag

a) Du gehst an einem Sommertag früh morgens an den Strand und schützt dich mit einem Sonnenschirm. Was musst du im Lauf des Tages beachten?

b) Begründe, auf welche Seite ein Rechtshänder die Schreibtischlampe stellen sollte.

3 Licht und Schatten im Weltraum

Lies die beiden Texte genau durch. Ordne dann zu, welcher Text zu welchem Bild gehört.

A: Bei einer Mondfinsternis ist der Mond für uns einige Zeit nicht zu sehen. Er bekommt dann kein Sonnenlicht, weil er sich durch den Schatten der Erde bewegt. Eine Mondfinsternis kommt für einen Ort der Erde etwa einmal im Jahr vor.

B: Bei einer Sonnenfinsternis befindet sich der Mond zwischen Sonne und Erde. Dort wo der Schatten des Mondes auf die Erde trifft, ist die Sonne verdeckt. Dann kann es auf der Erde für einige Minuten sogar ziemlich dunkel sein.

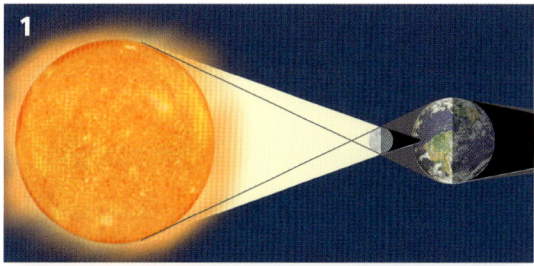

1 Gesehen werden ist wichtig bei Dunkelheit

3 Reflexion an einer hellen Fläche

1 Sicherheit bei Dunkelheit

a) Wer ist in Bild 1 besser zu sehen – und warum?

b) Weshalb ist es wichtig, bei Dunkelheit gut sichtbar zu sein?

2 Schwarz, Weiß, Grau im Reflexionstest

a) Beleuchte einen Karton mit einer Lampe. Nimm einen weißen, schwarzen und grauen Karton.

b) Welcher Karton strahlt am meisten Licht zurück?

Licht wird reflektiert oder absorbiert. Die beiden Personen in Bild 1 werden gleich stark angestrahlt. Trotzdem ist eine Person besser zu sehen als die andere. Das liegt am weißen T-Shirt: Es wirft viel mehr Licht zurück als der schwarze Stoff.

Ein Versuch bestätigt dies: Beleuchtet man einen weißen, grauen und schwarzen Karton mit einer Lampe, ist es beim weißen Karton am hellsten. Er **wirft** das **Licht stärker zurück.** Man sagt auch, er **reflektiert** viel Licht. Ein schwarzer Karton dagegen wirft fast kein Licht zurück; er **verschluckt** das meiste Licht; man sagt auch, er **absorbiert** das Licht sehr stark. Der graue Karton reflektiert mittelstark.

Wir machen diese Erfahrung im täglichen Leben: ein weiß gestrichenes Zimmer ist heller als eines mit dunklen Wänden; Zebrastreifen und Begrenzungspfosten am Straßenrand sind weiß und fallen daher in der Nacht besser auf.

MERKE

▸ **Licht wird an Oberflächen reflektiert (zurückgeworfen).**

▸ **Helle Oberflächen reflektieren viel Licht.**

▸ **Dunkle Oberflächen absorbieren (verschlucken) viel Licht.**

3 Fragen zum Text

a) Welche Oberflächen strahlen viel Licht zurück, welche wenig Licht?

b) Was bedeutet es, wenn ein Gegenstand viel Licht absorbiert?

c) Wie sollte Kleidung sein, damit man im Straßenverkehr abends besser gesehen wird?

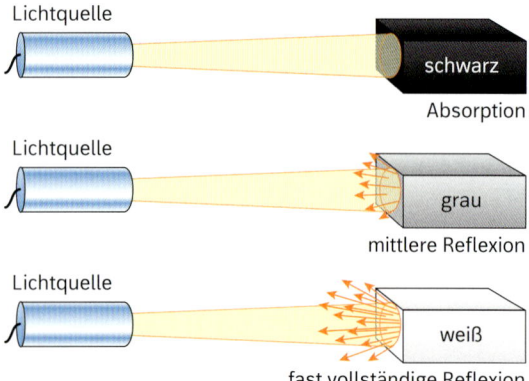

2 Schwarz verschluckt Licht, weiß reflektiert es

4 Reflexion und Absorption

Ergänze folgende Aussagen:

a) Je heller eine Oberfläche ist, desto… (ergänze!)

b) Je dunkler eine Oberfläche ist, desto… (ergänze!)

Spiegel lenken das Licht um

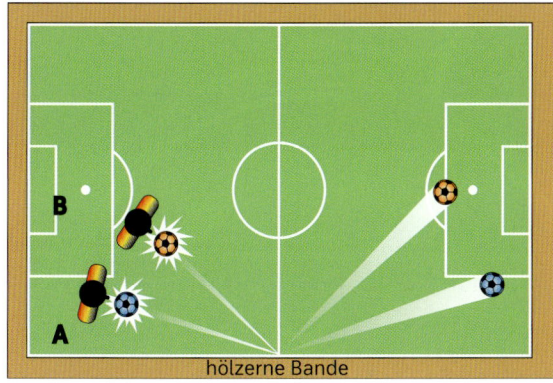

1 Über die Bande ins Tor

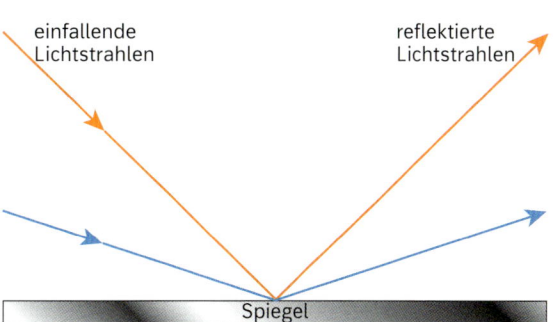

3 Das Reflexionsgesetz

1 Ballspiel über die Bande

Beim Tischfußball nutzt man oft die Bande, um den Ball ins Tor zu befördern.
In Bild 1 ist bei A eingezeichnet, wie der Ball rollt, wenn er sehr flach auf die Bande trifft. Bei B trifft er sehr steil auf die Bande. Beschreibe den weiteren Weg des Balls bei A und B.

2 Spiegeln

Lenke mit einem Taschenspiegel das Sonnenlicht auf die Zimmerwand um. Probiere aus, wie du den Spiegel halten musst, um den Lichtfleck an eine ganz bestimmte Stelle zu bringen.

3 Glatt und rau

Beleuchte eine glatte und eine zerknitterte Aluminiumfolie mit einer Lampe. Wie wird das Licht jeweils zurückgestrahlt? Vergleiche.

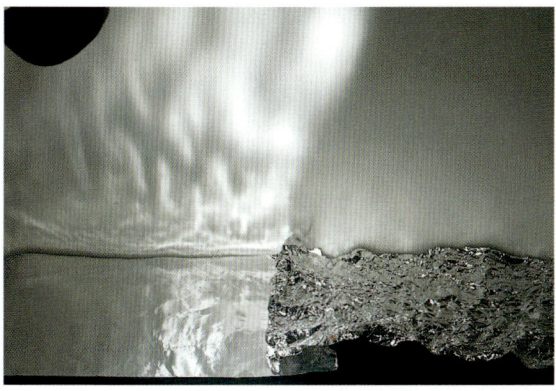

2 Glatte und zerknitterte Alufolie wird beleuchtet

Reflexion an glatten Flächen. Je flacher ein Ball an eine Hauswand gespielt wird, desto flacher wird er von der Wand zurückrollen. Will man, dass der Ball wieder genau zu einem zurückkommt, muss man ihn senkrecht gegen die Wand spielen.
Bei einem Lichtstrahl ist es ähnlich. Trifft ein Lichtstrahl auf eine spiegelglatte Oberfläche, wird er genau in eine Richtung zurückgeworfen. Je flacher man gegen einen Spiegel leuchtet, desto flacher wird das Licht abgestrahlt. Man nennt dies das Reflexionsgesetz.

Reflexion an rauen Flächen. Glatte Aluminiumfolie wirkt wie ein Spiegel. Doch wenn man sie zerknittert, reflektiert sie das Licht in viele verschiedene Richtungen. Sie wirkt dann nicht mehr wie ein Spiegel. Das Reflexionsgesetz gilt also nur für spiegelglatte Oberflächen.

MERKE

▶ Spiegelglatte Oberflächen reflektieren das Licht in eine ganz bestimmte Richtung.
▶ Raue Oberflächen werfen das Licht in alle Richtungen zurück.

4 Fragen zum Text

a) Beschreibe, wie Licht an spiegelglatten Oberflächen zurückgeworfen wird.
b) Wie reflektieren raue Oberflächen das Licht?

1 Reflektoren machen sichtbar

3 Reflektierende Flächen am Fahrrad

1 Gefahr in der Dunkelheit

a) Bist du im Straßenverkehr schon einmal in Gefahr geraten, weil man dich im Dunkeln nicht gesehen hat? Berichte darüber.

b) Was fällt einem auf, wenn man nachts eine Katze im Scheinwerferlicht sieht?

2 Sicherheit durch Reflektoren

a) Betrachte oben Bild 1. Was fällt dir dabei auf?

b) Weshalb sind Reflektoren am Fahrrad sehr sinnvoll (Bild 3)?

c) Weißt du noch, welche Reflektoren ein Fahrrad haben muss? Schreibe es auf.

d) Leuchte mit einer Taschenlampe im Dunkeln aus verschiedenen Richtungen auf einen Reflektor. Was kannst du beobachten?

3 Spiegel erweitern die Sicht

Besprecht zu zweit, wo im Straßenverkehr überall Spiegel verwendet werden.

4 Hinweisschild an LKWs

Hast du so ein Schild schon mal an einem Lkw bemerkt? Worauf weist es hin?

Reflektoren werfen Licht zurück. An Fahrrädern sind mehrere Reflektoren vorgeschrieben. Die Reflektoren im Straßenverkehr enthalten zahlreiche kleine Plastikflächen, die wie Spiegel wirken. Sie sind so angeordnet, dass sie das Licht immer in Richtung der Lichtquelle zurückwerfen.

Taucht nachts im Licht eine Katze auf, fallen sofort die leuchtenden Augen auf. Sie haben nämlich eine reflektierende Schicht im Auge. Deshalb werden Reflektoren im Alltag oft auch „Katzenaugen" genannt.

Rundumsicht mit Spiegeln. An schlecht einsehbaren Stellen im Straßenverkehr findest du manchmal Verkehrsspiegel. Sie sind oft etwas gewölbt, damit man möglichst viel aus der Umgebung sehen kann. Allerdings ist das Spiegelbild deshalb etwas verzerrt. Rückspiegel in Autos zeigen uns den nachfolgenden

Verkehr. LKW-Fahrer können mithilfe der Spiegel rückwärts an eine Laderampe fahren. Spiegel sind also sehr nützlich im Straßenverkehr. Manchmal sind Spiegelungen nicht erwünscht; etwa wenn sich nachts bei Regen die Lichter des Gegenverkehrs in den Wasserpfützen spiegeln.

4 Verkehrsspiegel

1 Rückspiegel beim Auto

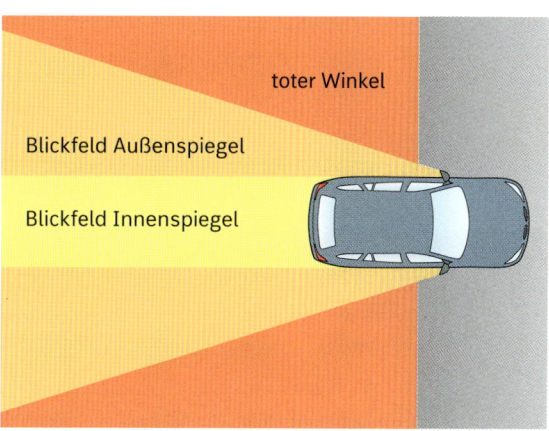

3 Toter Winkel bei einem Auto

Toter Winkel. Bestimmte Bereiche neben oder hinter einem Auto kann ein Fahrer weder mit dem Innen- noch mit dem Außenspiegel einsehen. Diesen Bereich nennt man **toten Winkel.** Der Fahrer muss deshalb vor dem Abbiegen stets über die Schulter nach hinten schauen. Doch nicht alle halten sich immer an diese wichtige Regel und übersehen andere Verkehrsteilnehmer.

Seit 2009 müssen große Lastkraftwagen und Busse so viele Spiegel haben, dass alle Seiten zu sehen sind. Dennoch passieren immer wieder schwere Unfälle, weil Fußgänger oder Radfahrer übersehen werden. Besonders gefährlich ist es, wenn man rechts neben einem LKW steht, der nach rechts abbiegen will. Es ist dann sicherer, **hinter** dem LKW stehenzubleiben, nicht neben dem LKW.

2 Spiegelungen in der Nacht können gefährlich sein

MERKE

▶ **Reflektoren werfen das Licht in Richtung der Lichtquelle zurück.**

▶ **Gewölbte Verkehrsspiegel zeigen Stellen, die schlecht einsehbar sind.**

▶ **Spiegelnde Flächen können auch blenden.**

▶ **Im Verkehr muss man immer damit rechnen, dass man von anderen nicht gesehen wird (toter Winkel).**

1 Fragen zum Text
a) Weshalb strahlen Reflektoren das Licht immer zur Lichtquelle zurück?
b) Warum heißen Reflektoren auch „Katzenaugen"?
c) Autofahrer werden nachts bei Regen mehr geblendet als bei Trockenheit. Warum ist das so?

2 Sicheres Fahrrad
a) Was ist der Unterschied zwischen einem Reflektor und einer Fahrradleuchte?
b) An welchen Stellen von Fahrrädern findest du weiße und wo rote Reflektoren?
c) Was bedeutet es, wenn du weiße Reflektoren an einem anderen Fahrrad siehst?

3 Gefahr „Toter Winkel"
Versucht zusammen mit der Lehrkraft herauszufinden, an welchen Stellen eines Autos die Sicht nach Draußen eingeschränkt ist.

Licht kann man zerlegen

1 *Ein beeindruckendes Schauspiel – der Regenbogen*

1 Farbenspiele

a) Welche Reihenfolge der Farben erkennst du bei einem Regenbogen?

b) Halte geschliffenes Glas ins Sonnenlicht oder betrachte eine Seifenblase.
Was kannst du entdecken?

c) Vergleiche die Farben bei geschliffenem Glas, Seifenblasen und beim Regenbogen. Was fällt dabei auf?

2 Licht wird durch ein Prisma verändert

a) Bild 4 zeigt einen speziellen Glaskörper, ein Prisma. Beschreibe, wie sich das weiße Licht durch das Prisma verändert.

b) Notiere die Reihenfolge der Farben beim Prisma.

Farbiges Licht – woher? Bei geschliffenen Gläsern, Seifenblasen und bei einem Regenbogen siehst du schillernde Farben. Sie haben immer die Reihenfolge Rot, Orange, Gelb, Grün, Blau und Violett. Die Farben stammen nicht aus einem Farbstoff; sie sind im Licht enthalten. Aber dieses Licht ist doch weiß. Wie kann dann farbiges Licht entstehen?

In Weiß steckt Farbe. Bild 4 zeigt, wie weißes Licht auf ein Prisma fällt. Das ist ein speziell geschliffener Glaskörper. Es entsteht ein Farbband mit verschiedenen Farben, immer in der gleichen Reihenfolge. Das Prisma hat das weiße Licht **in farbiges Licht zerlegt.** Weißes Licht besteht in Wirklichkeit aus verschiedenen Lichtfarben, die gemeinsam den Farbeindruck „Weiß" erzeugen. **Weißes Licht** ist also **aus farbigen Lichtanteilen zusammengesetzt.**

3 *Woher kommt die Farbe?*

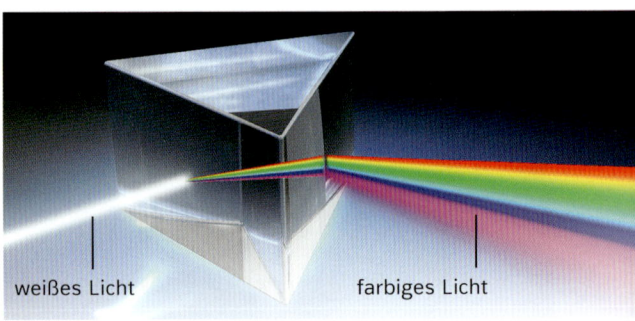

weißes Licht · farbiges Licht

4 *Lichtfarben mit einem Prisma*

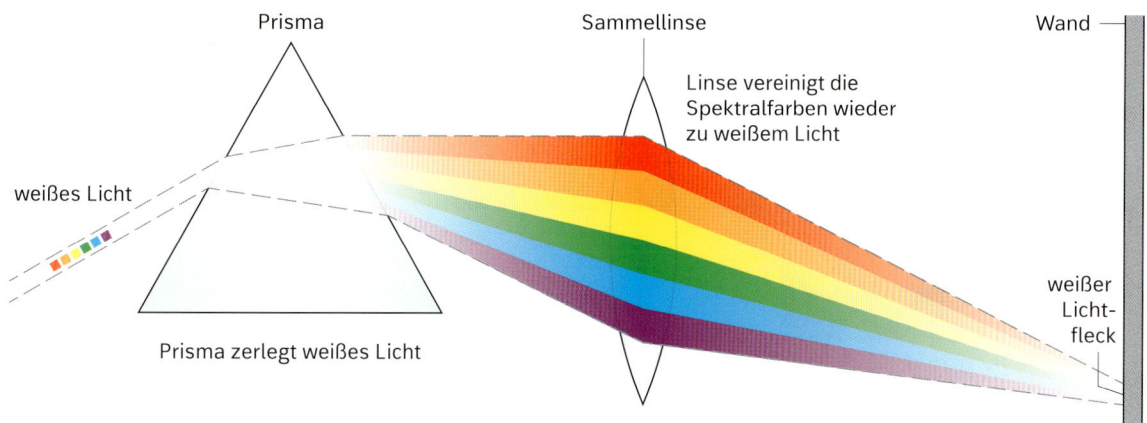

1 *Weißes Licht … kann man zerlegen … und wieder vereinigen*

Farbiges Licht ergibt ein Spektrum. Fängt man das farbige Licht hinter dem Prisma auf einer Wand auf, erhält man die Farben nebeneinander gereiht. Dieses Farbband nennt man auch Spektrum. Die einzelnen Farben werden Spektralfarben genannt. Die Reihenfolge der Farben ist immer gleich.

2 *Das Spektrum des weißen Lichts*

Farbiges Licht kann auch wieder zu weißem Licht vereinigt werden. Dies gelingt mit einer Sammellinse, die hinter das Prisma gestellt wird. Das zerlegte Licht wird dadurch wieder gebündelt. Auf der Wand ist dann kein farbiges Licht mehr zu sehen, sondern ein weißer Lichtfleck.

> **MERKE**
> ▶ Weißes Licht ist aus verschiedenen Farben, zusammengesetzt. Man nennt es Spektrum.
> ▶ Das Spektrum enthält die Farben Rot, Orange, Gelb, Grün, Blau und Violett.
> ▶ Die Mischung aller Spektralfarben ergibt wieder weiß.

1 Fragen zum Text
a) Gib Beispiele an, wo du das Spektrum des Lichts beobachten kannst.
b) Nenne die Spektralfarben.
c) Mit welchem Hilfsmittel kann man das Spektrum wieder zu weißem Licht zusammenführen?

2 Zwei weitere Spektralfarben
Unsere Augen können sechs Spektralfarben unterscheiden. Das weiße Licht enthält noch weitere Lichtanteile: Infrarotlicht und ultraviolettes Licht. Beide Lichtanteile können wir aber nicht sehen.
a) Mit einer speziellen Kamera kann man Infrarotlicht sichtbar machen. Es kann dann die Temperaturverteilung sichtbar machen. Weißt du, wann solche Infrarot-Aufnahmen gemacht werden?
b) Das Bild unten ist eine Schwarzlicht-Aufnahme. Finde heraus, wie so ein Foto gemacht wird.

Farbig sehen

1 Wir sehen die Welt farbig

2 Warum ist für uns die Tomate rot? Welches Licht fällt in unser Auge?

1 Weshalb ist die Tomate rot?

a) Verfolgt zu zweit in Bild 2 die farbigen Lichtstrahlen, die auf die Tomate treffen.
Welche werden absorbiert, welche reflektiert?

b) Welche Lichtstrahlen gelangen in unser Auge?

c) Habt ihr nun eine Vermutung, weshalb Gegenstände farbig für uns aussehen?

Farbenvielfalt. Wir sehen Gegenstände in unserer Umwelt, weil Licht von ihnen in unser Auge gelangt. Aber weshalb sehen wir sie farbig? Sie werden doch alle vom gleichen weißen Licht bestrahlt.

Wie sehen wir die Welt farbig? Weißes Licht fällt auf einen Gegenstand. Ein Teil des Lichts wird in unsere Augen umgelenkt, sodass wir den Gegenstand sehen können. Allerdings reflektiert der Gegenstand oft nur bestimmte Spektralfarben.
Eine rote Tomate zum Beispiel reflektiert nur rotes Licht. Dieses Licht gelangt in unsere Augen – deshalb sieht die Tomate rot aus. Die anderen Lichtfarben werden verschluckt (absorbiert).
Werden von einem Gegenstand mehrere Farben reflektiert, bilden diese Spektralfarben zusammen die Farbe des betreffenden Gegenstands.

Beispiel					
Farbe des Körpers	rot	grün	weiß	schwarz	grau
reflektierte Farbe	rot	grün	alle	keine	alle etwas
absorbierte Farbe	alle bis auf rot	alle bis auf grün	keine	alle	alle etwas

3 So entstehen verschiedene Farben

Wie sehen wir schwarz, weiß und grau? Absorbiert ein Körper überhaupt kein Licht, reflektiert er alle Lichtfarben – und erscheint uns deshalb weiß. Ein schwarzer Körper dagegen absorbiert das gesamte auftreffende Licht.

Es gibt aber auch alle Abstufungen: Grau sehen wir, wenn alle Spektralfarben gleich stark zum Teil reflektiert und zum Teil absorbiert werden.

1 Weiß reflektiert alles, Schwarz absorbiert alles

MERKE

▶ Gegenstände sind farbig, wenn sie Teile des weißen Lichts absorbieren (verschlucken) und die restlichen Teile des Spektrums reflektieren (zurückwerfen).

▶ Weiße Gegenstände reflektieren das gesamte weiße Licht, schwarze absorbieren das gesamte Licht.

1 Fragen zum Text

a) Welche Farbe reflektiert die Tomate?

b) Welchen Anteil des Lichts reflektiert eine weiße Oberfläche?

2 Absorption und Reflexion machen die Farbe

a) Erkläre die Tabelle S.60 unten.

b) Du trägst ein grünes T-Shirt. Welche Farben absorbiert es, welche reflektiert es?

EXTRA

Viele Farben durch Mischen

Du hast dich vielleicht schon gewundert, dass der Drucker schöne farbige Bilder erzeugt, obwohl er nur mit vier Farben „gefüttert" wird: Cyanblau, Gelb, Magentarot und Schwarz. Vom Kunstunterricht weißt du, dass man durch Mischen neue Farben erhält. Aus Gelb und Blau entsteht Grün. Auf diese Weise lassen sich aus den Grundfarben im Drucker alle Farben erzeugen. Bei der Mischung aller Farben entsteht Schwarz.

1. Welche Farbe entsteht aus Magenta und Gelb?

2. Wie erhält man die Farbe Grün?

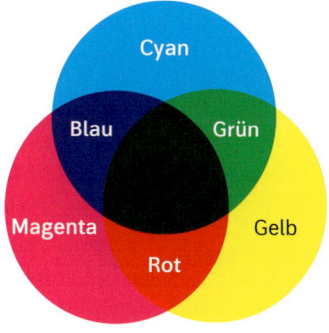

Asterix und Obelix haben in vielen Kämpfen die Spitze ihrer eisernen Lanze abgewetzt. Heute soll sie neu gehärtet werden. Zu diesem Zweck halten die beiden die Lanzenspitze zuerst einmal ins Feuer. Aber nach kurzer Zeit kann sie ... festhalten. Was ist geschehen?(Abb. 2) an einem ... der ganzen Stange den fühlen. Befestigt ... nge, dann wird das ... nd eine Kerze nach ... me wird also in der ... s ist auch in der ...

Erwärmt man eine Eise ... Ende, breitet sich die W ... aus. Das kann man mi ... man Wachskerzen an ... Wachs nach und nac ... der anderen „stürzt ab ... Eisenstange weitergeleit ... Lanze von Asterix und O ...

Gute Wärmeleiter. Gegenstände ... die Wärme gut, die meisten Metalle sogar noch bes- ser als Eisen. **Metalle** sind also **gute Wärmeleiter.** Man verwendet sie überall dort, wo Wärme schnell weitergeleitet werden soll. So werden zum Beispiel Heizkörper, Sohlen von Bügeleisen und Böden von Pfannen aus Eisen, Aluminium oder Kupfer hergestellt.

wendet man immer dann, wenn m ... will, dass zu viel Wärme weitergeleite ... an Töpfen, Pfannen, Lötkolben oder ... wie Kochlöffel werden daher aus sol ... lien angefertigt.

... ssigkeiten und Gase leiten die Wär ... Metalle oder andere Feststoffe ... ämmend. Auch Luft gehört zu ... meleitern. Deshalb frieren w ... iger, wenn wir Kleidungsstü ... ten tragen. Die eingeschloss ... ndern, dass zu viel Körperwä ... egeben wird.

Merke:
• Wärme wird in festen Gegenständ ...
  Wärmeleitung transportiert.
• Es gibt gute und schlechte Wärme ...
• Metalle leiten die Wärme gut.
• Holz, Kunststoff, Glas oder Porzell ...
  die Wärme schlecht.

1 Eine Lupe wird zum Brennglas (Achtung Brand-gefahr, kein trockenes Gras entzünden!)

4 Eine Lupe vergrößert

1 Licht bündeln

a) Bei starker Sonne gelingt es, nur mit Sonnen-licht und einer Lupe Papier zu entzünden. Was kann man tun, um den Lichtpunkt möglichst klein zu be-kommen?

b) Schaue eine Lupe genau an. Wie ist das Glas geformt?

2 Türspion

In manchen Wohnungstüren gibt es kleine Öffnungen zum Hinaussehen.

Diese Türspione enthalten Linsen, die innen dünner sind als außen. Überlege, wie sich mit diesen Linsen das Blick-feld verändert.

Sammellinsen bündeln Licht. Allein mit Hilfe einer Lupe kannst du Papier oder trockenes Gras entzün-den. Wie geht das?

Betrachtest du die Lupe genau, erkennst du, dass das Glas gewölbt ist. Es ist in der Mitte dicker als außen. Solche Glaskörper nennt man **Sammellinsen**.

Die Lichtstrahlen der Sonne werden in der Linse zur Mitte hin abgelenkt. Sie sammeln und kreuzen sich im **Brennpunkt.** Das gebündelte Licht erzeugt im Brennpunkt eine große Hitze. Sie kann das Papier entzünden.

Der Abstand von der Linsenmitte zum Brennpunkt heißt **Brennweite.**

Je stärker die Sammellinse gewölbt ist, umso kürzer ist die Brennweite und umso mehr wird das Licht ge-bündelt. Dicke Linsen bündeln das Licht also stärker.

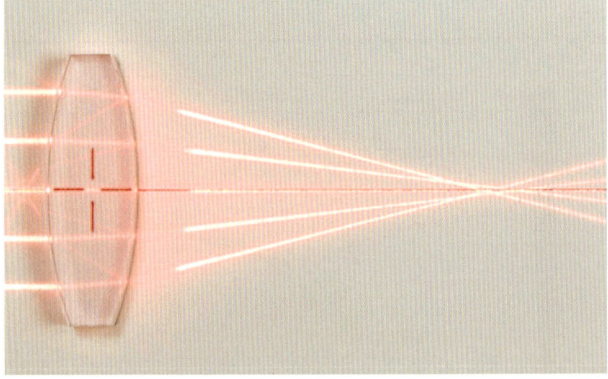

5 Die Sammellinse bündelt das Licht

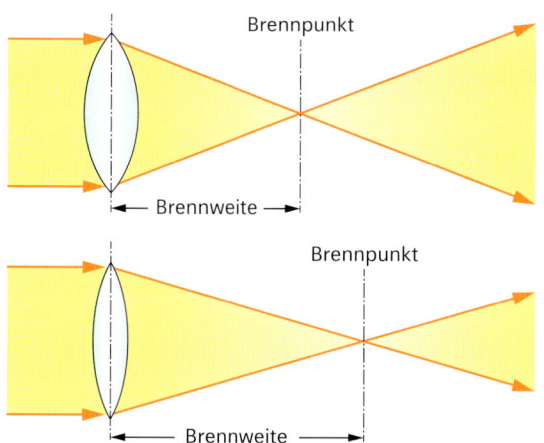

1 *Dicke Linsen bündeln Licht stärker*

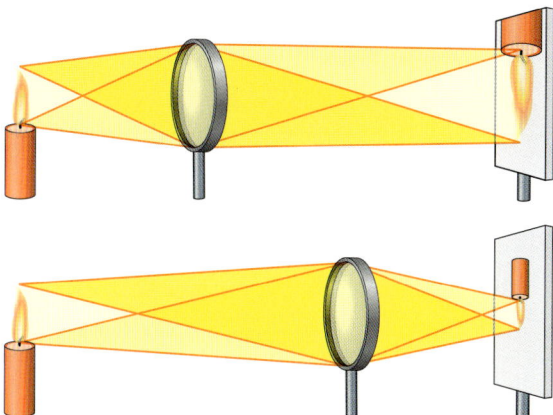

2 *Sammellinsen vergrößern oder verkleinern Bilder*

Sammellinsen erzeugen Bilder. Mit einer Sammellinse kannst du auch Gegenstände abbilden, zum Beispiel eine brennende Kerze. Das Bild der Kerze ist seitenverkehrt und steht auf dem Kopf. Um ein scharfes Bild zu erhalten, musst du den Abstand zwischen Linse und Wand verändern. Dabei ändert sich aber auch die Größe des Bildes.

Im Nahbereich können Sammellinsen vergrößern. Man verwendet sie daher oft als Vergrößerungsglas, als Lupe.

Das Bild lässt sich größer und kleiner machen, wenn du den Abstand zwischen Linse und Gegenstand veränderst. Möchtest du das Bild vergrößern, musst du die Linse näher an den Gegenstand rücken. Entfernst du die Linse vom Gegenstand, wird das Bild immer kleiner.

Zerstreuungslinsen weiten Licht auf. Ein Glas-körper, der in der Mitte dünner ist, als am Rand, wird Zerstreuungslinse genannt. Bild 3 zeigt, wie parallele Lichtstrahlen in der Linse so abgelenkt werden, dass es aussieht, als würden sie auseinander gebogen (zerstreut). Diese Wirkung nutzt man zum Beispiel bei Türspionen, um einen möglichst großen Bereich vor der Türe zu überblicken.

MERKE
► Sammellinsen sind in der Mitte dicker als am Rand.
► Zerstreuungslinsen sind in der Mitte dünner.
► Sammellinsen bündeln Licht, Zerstreuungslinsen weiten es auf.
► Sammellinsen erzeugen Bilder, die seitenverkehrt sind und auf dem Kopf stehen.

1 Fragen zum Text
a) Beschreibe die Form einer Sammellinse.
b) Wofür kann man Sammellinsen verwenden?
c) Beschreibe die Form einer Zerstreuungslinse.

2 Waldbrandgefahr
Die Böden von Glasflaschen sind oft etwas gewölbt. Erkläre, weshalb weggeworfene Glasflaschen im Wald Feuer verursachen können.

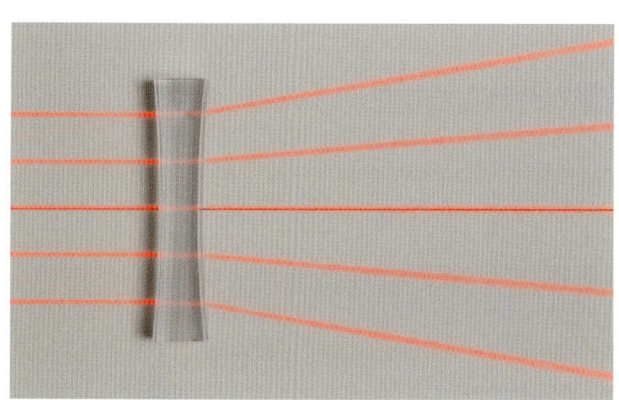

3 *Die Zerstreuungslinse weitet den Lichtkegel auf*

1 Nah und fern

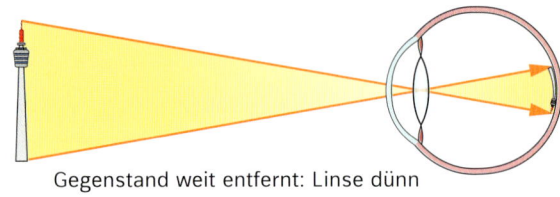

Gegenstand weit entfernt: Linse dünn

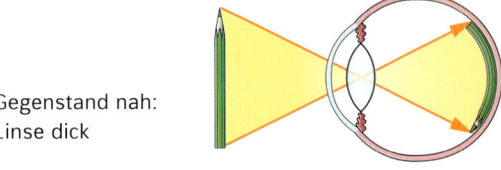

Gegenstand nah:
Linse dick

3 Fern oder nah, das Auge kann sich darauf einstellen

1 Nah und fern scharf sehen

Halte deinen Daumen ca. 30 cm vor deine Augen und versuche, ihn scharf zu sehen. Betrachte anschließend einen Gegenstand im Hintergrund. Wechsle ein paar Mal hin und her. Gelingt es dir, beide Gegenstände gleichzeitig scharf zu sehen?

Ein Bild im Auge. Das Bild im Auge entsteht nicht auf einer Wand, sondern auf der Netzhaut. Die Lichtstrahlen, die von Gegenständen aus ins Auge fallen, werden von der Augenlinse gebündelt und auf die Netzhaut gelenkt. Dort entsteht ein Bild, das auf dem Kopf steht. Die Information auf der Netzhaut wird über den Sehnerv ins Gehirn geleitet. Im Gehirn entsteht daraus wieder ein aufrechtes Bild.

Scharfstellen. Hält man den Daumen in ca. 30 cm Entfernung vor die Augen kann man ihn scharf sehen. Auch den weiter entfernten Hintergrund kann man scharf sehen – allerdings nicht Daumen und Hintergrund gleichzeitig. Das Auge muss sich beim Wechsel jedes Mal neu einstellen. Das besorgt die Linse. Sie kann dünner und dicker werden (Bild 3). Dadurch werden die Lichtstrahlen so gebündelt, dass immer ein scharfes Bild auf der Netzhaut entsteht.

MERKE
▸ **Auf der Netzhaut im Auge entsteht ein Bild, das auf dem Kopf steht.**
▸ **Das Gehirn stellt das Bild wieder aufrecht.**
▸ **Die Augenlinse kann dicker und dünner werden. Dadurch wird das Bild immer scharf.**

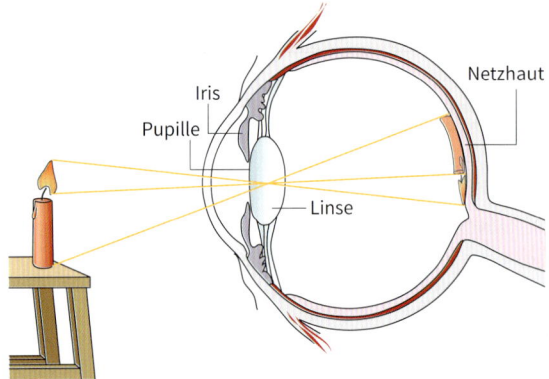

Iris
Pupille
Netzhaut
Linse

2 Bildentstehung im Auge

2 Fragen zum Text
a) Wo entsteht im Auge ein Bild?
b) Auf welchem Weg gelangt die Information auf der Netzhaut ins Gehirn?

3 Scharfsehen ist wichtig
a) Wie wird beim Auge die Bildschärfe eingestellt?
b) Begründe, wie die Augenlinse geformt sein muss, wenn sie sich auf einen nahen Gegenstand einstellt.

Wer aus

35 cm Entfernung

diesen Text nicht bis zu Ende

lesen kann, der sollte einmal seine

Augen von einem Augenarzt untersuchen lassen!

Dieser kann feststellen, ob deine Augen gesund sind

oder ob du eine Brille brauchst. Na, wie ist das Ergebnis bei dir?

2 Einfacher Sehtest

1 Brillen und Kontaktlinsen

a) Lies oben den Text.

b) Wie viele Kinder in deiner Klasse haben eine Brille oder Kontaktlinsen?

c) Was können sie ohne Brille nicht scharf sehen?

Beim normalen Auge werden die Gegenstände scharf auf der Netzhaut abgebildet. Bei manchen Menschen ist dies aber nicht der Fall.

Kurzsichtigkeit. Kurzsichtige Menschen sehen nahe Dinge scharf, entfernte nur verschwommen. Sie können z. B. das Tafelbild nicht scharf sehen. Bei ihnen entsteht ein scharfes Bild **vor** der Netzhaut, weil der Augapfel zu lang ist. Brillengläser, die wie eine Zerstreuungslinse wirken, erzeugen ein scharfes Bild genau auf der Netzhaut.

Weitsichtigkeit. Wenn man ein Buch weit von sich weghalten muss, um lesen zu können, ist man weitsichtig. Der Augapfel ist zu kurz. Das scharfe Bild entsteht **hinter** der Netzhaut. Mit Brillengläsern, die wie eine Sammellinse wirken, wird das scharfe Bild auf die Netzhaut verlegt.

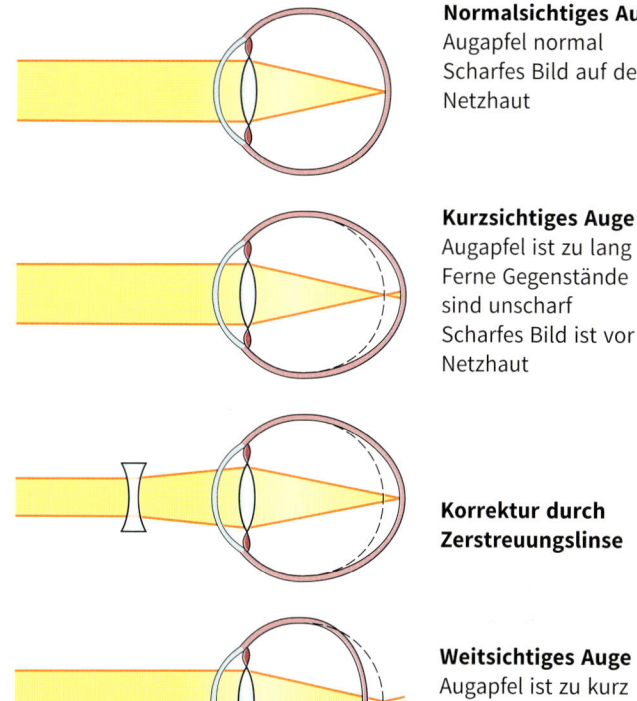

Normalsichtiges Auge
Augapfel normal
Scharfes Bild auf der Netzhaut

Kurzsichtiges Auge
Augapfel ist zu lang
Ferne Gegenstände sind unscharf
Scharfes Bild ist vor der Netzhaut

Korrektur durch Zerstreuungslinse

Weitsichtiges Auge
Augapfel ist zu kurz
Nahe Gegenstände sind unscharf
Scharfes Bild ist hinter der Netzhaut

Korrektur durch Sammellinse

2 Augenfehler kann man mit Brillen korrigieren

MERKE

▶ Bei Sehschwächen entstehen unscharfe Bilder auf der Netzhaut.

▶ Sehschwächen wie Kurz- und Weitsichtigkeit können mit Linsen korrigiert werden.

---

2 Fragen zum Text

a) Welche Sehschwächen kennst du?

b) Gib an, was zu diesen Sehschwächen führt.

3 Brille zum Autofahren

Ist ein Mensch, der zum Autofahren eine Brille braucht, kurz– oder weitsichtig? Begründe.

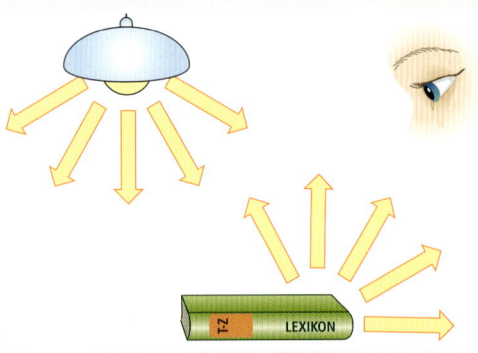

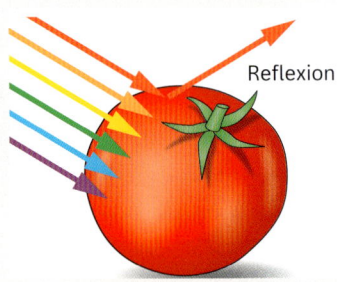

Reflexion

▶ Weißes Licht besteht aus den Spektralfarben Rot, Orange, Gelb, Grün, Blau, Violett.

▶ Körper sind farbig, wenn sie einen Teil des Lichts absorbieren und einen Teil reflektieren.

▶ Licht breitet sich geradlinig in alle Richtungen aus.

▶ Wir sehen Licht nur, wenn es in unser Auge fällt.

▶ Wir sehen Gegenstände, wenn sie Licht in unser Auge umlenken.

▶ Lichtundurchlässige Gegenstände erzeugen Schatten.

▶ Dunkle Körper absorbieren viel Licht, helle Körper reflektieren viel Licht.

▶ Sammellinsen bündeln Licht, Zerstreuungslinsen weiten es auf.

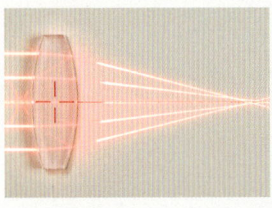

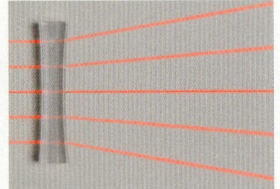

▶ Linsen erzeugen Bilder.

▶ Im Auge entsteht auf der Netzhaut ein Bild.

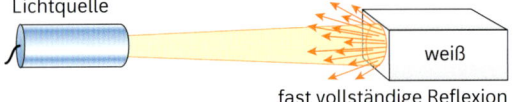

Lichtquelle

weiß

fast vollständige Reflexion

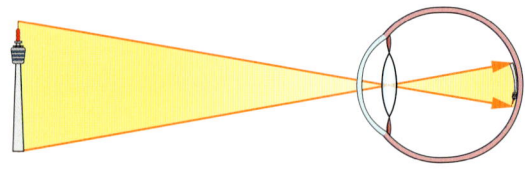

▶ Spiegel, helle Kleidung und Reflektoren sorgen für Sicherheit im Straßenverkehr.

▶ Glatte Oberflächen wie Spiegel reflektieren Licht in eine ganz bestimmte Richtung.

▶ Sammel- und Zerstreuungslinsen können Sehfehler korrigieren.

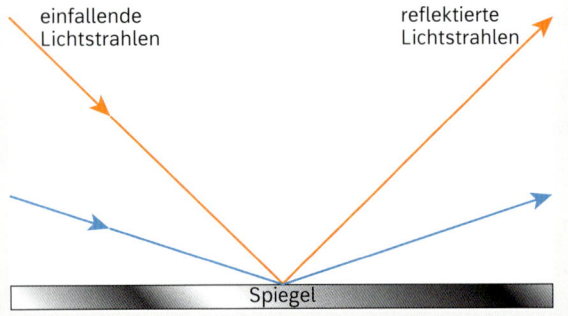

einfallende Lichtstrahlen

reflektierte Lichtstrahlen

Spiegel

TRAINER

1 Licht breitet sich aus

a) Licht geht von Licht-quellen aus. Nenne drei Lichtquellen.

b) Beschreibe, wie sich Licht ausbreitet.

c) Gib an, wie man die Größe eines Schattens verändern kann.

d) Was ist auf dem Bild links zu sehen? Zu welcher Tageszeit ist es aufgenommen worden?

2 Wann sehen wir Licht?

a) Wann können wir allgemein Licht sehen?

b) An der Wand eines Hauses ist ein roter Licht-fleck eines Laserlichts zu sehen. Weshalb kann man den Lichtstrahl nicht so einfach bis zur Laserlampe zurückverfolgen?

c) Wie kann man im Experiment das Licht einer Taschenlampe besser sichtbar machen?

3 Licht wird reflektiert und absorbiert

a) Beschreibe, wie man sich als Fahrrad-fahrer in der Dunkel-heit kleiden sollte.

b) Warum sind Begrenzungspfosten und Markierungen auf Straßen meistens weiß?

c) Erkläre die Begriffe Reflexion und Absorp-tion.

4 Mehr sehen mit Spiegeln

a) Wo findet man Spiegel im Straßenverkehr?

b) Verkehrsspiegel an unübersichtlichen Stellen sind oft gewölbt. Welchen Vorteil und welchen Nachteil hat das?

5 Licht – mehr als weiß

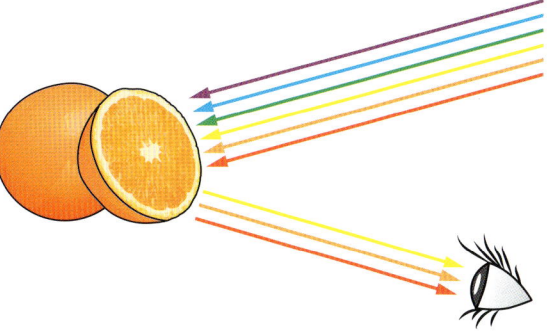

a) Gib Beispiele an, wo du die Zerlegung des weißen Lichts in einzelne Farben beobachten kannst.

b) Nenne die Spektralfarben des weißen Lichts.

c) Wie kommt die Farbe im Bild oben zustande?

6 Scharf sehen mit Linsen

a) Woran erkennst du Sammellinsen und woran Zerstreuungslinsen?

b) Welche Linsen in der Abbildung rechts sind Sammellinsen, welche Zerstreuungslinsen?

c) Was für ein Problem hat man als Kurzsich-tiger? Und wie kann man es beheben?

Wenn du Hilfe bei den Aufgaben brauchst, schau auf den folgenden Seiten nach:

Aufgabe	Hilfe auf...	Aufgabe	Hilfe auf ...
1 a, b	S. 50	5 a	S. 58
1 c, d	S. 52	5 b	S. 59
2	S. 51	5 c	S. 60
3	S. 54	6 a, b	S. 62, 63
4	S. 56, 57	6 c	S. 65

Lösungsvorschläge zu den Trainer-Aufgaben findest du im Anhang des Buches.

Die Atmung muss stimmen

Die junge Schwimmerin hat kräftig
eingeatmet, bevor sie ins Wasser
gesprungen ist.
Beim Schwimmen und Tauchen müssen Atmung und Blutkreislauf gut
zusammenarbeiten. Dadurch werden
sie aber auch trainiert und wir halten
unseren Körper damit gesund. Und
Spaß macht es auch noch...

Mensch und Gesundheit

Energie und Baustoffe aus der Nahrung

Das sieht nicht nur gut aus – es schmeckt auch gut. Eine abwechslungsreiche Nahrung enthält alle Stoffe, die der Körper benötigt.

So erhalten wir nicht nur die notwendige Energie, sondern bleiben leistungsfähig und gesund.

Schwerarbeit für Gelenke und Muskeln

Wer gibt nach? Beim Kampf um den Ball geht es zur Sache. In solchen Situationen wird unser Bewegungsapparat ganz schön strapaziert. Knochen, Muskeln und Sehnen müssen jetzt perfekt zusammenarbeiten.

ENTDECKE...

- ▶ wie die Organe unseres Körpers zusammenarbeiten
- ▶ wie uns abwechslungsreiche Nahrung gesund erhält
- ▶ die Bedeutung der Nahrungsbestandteile für unseren Körper
- ▶ wodurch ernährungsbedingte Krankheiten entstehen
- ▶ die Stationen der Verdauung im Körper
- ▶ den Aufbau unseres Skeletts und der Knochen
- ▶ wie Gelenke, Knochen, Muskeln und Sehnen zusammenwirken
- ▶ wie Bewegung uns fit hält

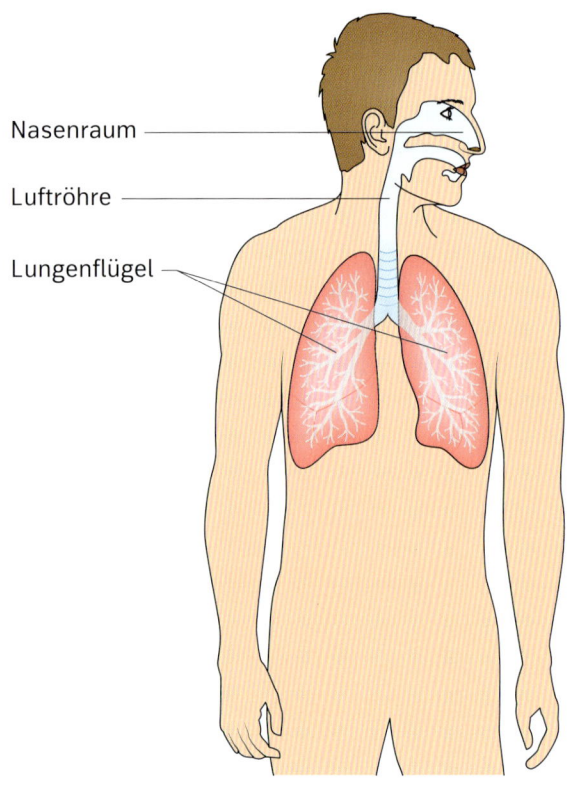

Nasenraum

Luftröhre

Lungenflügel

Auch bei dir hat der Arzt schon mal die Lunge abgehört und den Puls gefühlt. Lunge und Herz haben besondere Aufgaben. Man nennt sie **Organe.** Da sie nicht alleine arbeiten können, gehören sie zu **Organsystemen,** die Lunge zum **Atmungssystem,** das Herz zum **Blutkreislauf.**

Das Atmungssystem. Beim Einatmen strömt Luft durch den Mund oder die Nase in die Luftröhre. In der Brust teilt sich die Luftröhre in zwei Äste. Sie führen in die beiden Lungenflügel. Dort verzweigen sich die Äste vielfach. Am Ende befinden sich viele winzige Luftsäckchen, die Lungenbläschen.
Wenn wir einatmen, **nehmen wir** mit der Luft **Sauerstoff auf.** Er geht über die Lungenbläschen ins Blut über. So werden unsere Organe und Muskeln mit Sauerstoff versorgt. Dort entsteht Kohlenstoffdioxid. Beim Ausatmen **wird Kohlenstoffdioxid** an die Luft **abgegeben.**

Der Blutkreislauf. Der Blutkreislauf ist ein Netz aus vielen Adern im Körper. Durch sie fließt das Blut. Das Herz pumpt das Blut in alle Teile unseres Körpers, zum Beispiel ins Gehirn und in die Muskeln. So wird der gesamte Körper **mit Sauerstoff und Nährstoffen versorgt.** Dort entsteht Kohlenstoffdioxid, das im Blut zur Lunge transportiert wird.

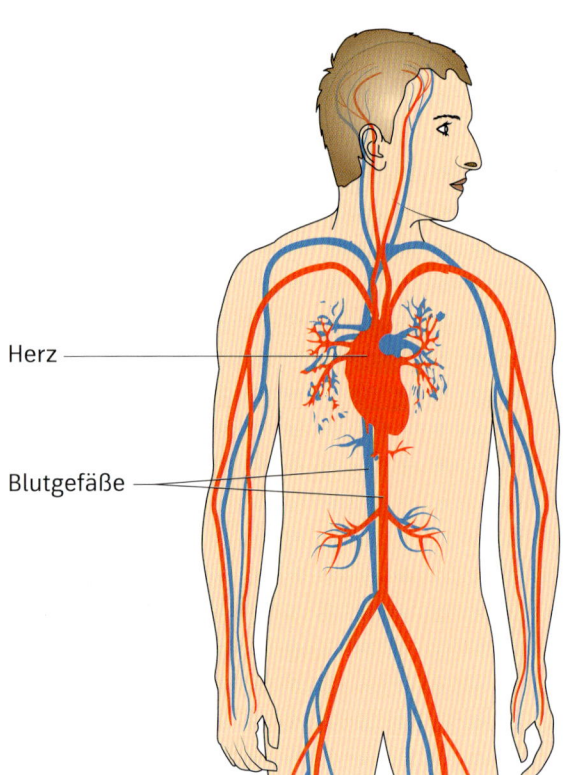

Herz

Blutgefäße

MERKE
- ▶ Herz und Lunge sind Organe. Blutkreislauf- und Atmungssystem sind Organsysteme.
- ▶ In der Lunge wird Sauerstoff aufgenommen und Kohlenstoffdioxid abgegeben.
- ▶ Das Herz pumpt das Blut durch den ganzen Körper und versorgt ihn mit Sauerstoff und Nährstoffen.

---

1 Fragen zum Text
a) Beschreibe den Weg der Luft in die Lunge.
b) Welche Stoffe werden beim Atmen ausgetauscht?
c) Wie werden alle Organe unseres Körpers mit Sauerstoff und Nährstoffen versorgt?

Das Nervensystem. Das Nervensystem steuert deinen Körper. Es besteht aus dem **Gehirn**, dem **Rückenmark** und einem feinen Netz aus **Nervenfasern**. Die Eindrücke der Sinnesorgane werden von bestimmten Nervenleitungen gesammelt und direkt oder über das Rückenmark an das Gehirn geleitet. Dort werden sie verarbeitet. Andere Nervenleitungen übermitteln dann die Anweisungen des Gehirns an die Muskeln.

Viele Steuerungsvorgänge laufen ab, ohne dass du es bemerkst, zum Beispiel bei der Verdauung, dem Herzschlag und bei der Atmung.

Das Verdauungssystem. Leben ohne Essen und Trinken ist unmöglich. Schließlich beziehen wir aus der Nahrung die **Energie** und die **Baustoffe** für unseren Körper.

Unsere Nahrung nehmen wir im Mund auf und zerkleinern sie mit den Zähnen. Im Mund finden die ersten Schritte der Verdauung statt.

Der Speisebrei gelangt in die Speiseröhre, die ihn in den Magen befördert. Dort kommen Magensäfte zur Verdauung dazu. Im Dünndarm gelangen die Nährstoffe in unser Blut.

Über den Dickdarm kommen die unverdaulichen Nahrungsreste schließlich zum After und werden ausgeschieden.

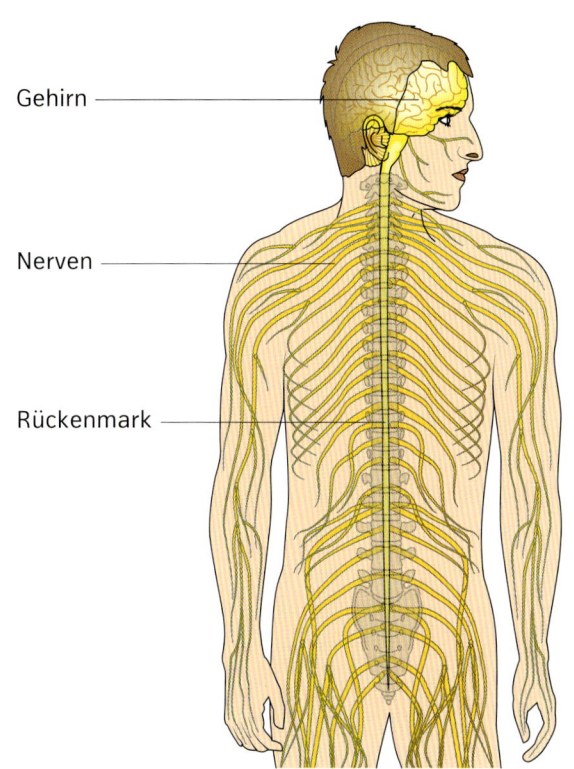

Gehirn

Nerven

Rückenmark

MERKE

▶ Die Sinneseindrücke gelangen über Nervenfasern zum Gehirn.

▶ Im Gehirn fallen die Entscheidungen, die über Nervenfasern zu den Muskeln gelangen.

▶ Bei der Verdauung wird die Nahrung in kleine verwertbare Bausteine zerlegt.

▶ Im Darm gelangen diese ins Blut.

---

1 Fragen zum Text

a) Was ist die Aufgabe des Nervensystems?

b) Wie kommen Sinneseindrücke zu unserem Gehirn?

c) Warum können wir ohne Essen nicht leben?

d) Wo werden die Nährstoffe ins Blut abgegeben?

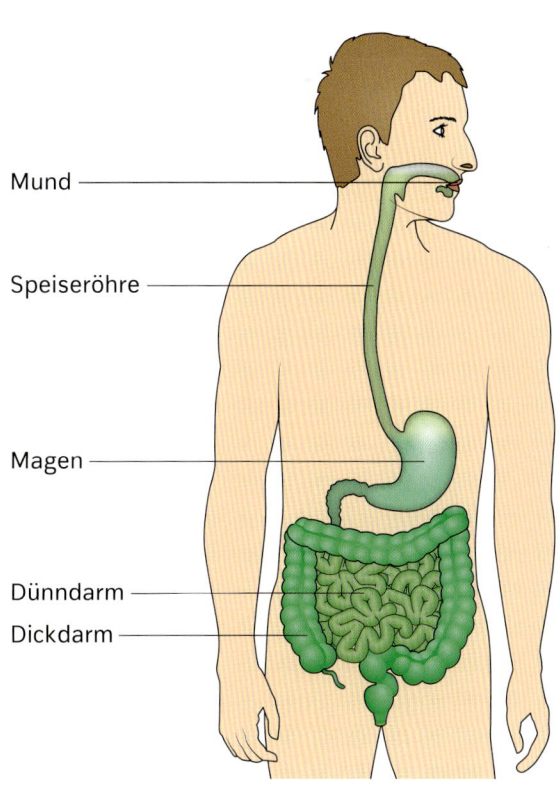

Mund

Speiseröhre

Magen

Dünndarm

Dickdarm

Gesund leben

1 Flüssige Dickmacher

Zuckermenge in Getränken pro Glas (200 ml)		
Getränk	Zucker in g	= Zuckerwürfel
Limonade	20	7
Cola-Getränk	21	7
Fruchtsaftgetränk	26	9
Sauerkirschnektar	24	8
Apfelsaft	21	7
Orangensaft	18	6
Wasser	0	0

Bei einem Schokoriegel weiß man, dass viel Energie drinsteckt – in Form von Zucker und Fett. Bei Getränken bemerkt man das oft nicht.

a) Vermute, warum man bei Cola-Getränken oder Fruchtsaft den Zucker gar nicht so richtig spürt.

b) Wo kannst du dich schlau machen über die Zuckermenge in Lebensmitteln und Getränken?

c) Welche Angaben kannst du aus der Tabelle oben entnehmen?

d) Rechne aus, wie viel Zucker du zu dir nimmst, wenn du 4 Gläser süße Limonade trinkst.

e) Warum empfehlen Fachleute, dass man vor allem Wasser und ungesüßten Tee trinken soll?

f) Fruchtsäfte enthalten auch wertvolle Stoffe. Was kannst du tun, wenn du sie ab und zu gerne trinken möchtest, du aber nicht so viel Zucker aufnehmen willst?

2 Mitbestimmen beim Speiseplan

a) Diskutiert in der Klasse über den Speiseplan eurer Schulküche. Ist das Angebot ausgewogen? Schmeckt es? Macht Verbesserungsvorschläge und gebt sie über die Lehrkraft weiter.

b) Wie sieht es bei der Pausenverpflegung aus? Gibt es nur süße Schokoriegel oder auch andere Zwischenmahlzeiten?

c) Macht Vorschläge, wie man eine gesunde und schmackhafte Verpflegung auch von zu Hause mitnehmen kann.

3 Bewegung hält fit

a) Schaut nach, welche Möglichkeiten euch das Schulgelände für Sport und Spiele in den Pausen oder am Nachmittag bietet.

b) Sammelt Anregungen für mehr Bewegungsmöglichkeiten an der Schule. Kann man einen Teil des Schulgeländes umgestalten?

4 Schlafen ist gesund

Die Schlafforschung sagt: Etwa 10 Stunden Schlaf pro Nacht sind in eurem Alter zu empfehlen.

a) Schätze ab, ob du im Durchschnitt ausreichend Schlaf bekommst.

b) Überlegt gemeinsam, woran es liegen kann, dass man zu wenig Schlaf bekommt.

5 Computersucht?

Mit den Eltern gibt es dauernd Streit, denn Tim spielt jeden Tag mehrere Stunden am Computer. „Du wirst noch computersüchtig", schimpft sein Vater.

a) Welche Folgen kann so ein Verhalten haben? Diskutiert darüber in der Klasse.

b) Macht Vorschläge, wie die Familie damit umgehen könnte.

6 Rauchen und Alkohol?

Wenn Anke sich mit ihren Freundinnen trifft, wird ab und zu mal eine Zigarette geraucht. Zu besonderen Anlässen gibt es auch hin und wieder mal ein alkoholisches Getränk. Besprecht zu zweit, weshalb Anke dabei mitmacht, obwohl sie sonst keinen Alkohol trinkt.

Gesund essen. Wer sich dauerhaft falsch ernährt, schädigt seine Gesundheit. Mehrere Krankheiten können auch durch falsche Ernährungsgewohnheiten gefördert werden, zum Beispiel Herzkrankheiten, Bluthochdruck, Diabetes (Zuckerkrankheit), Krebs. Wie du fit und gesund bleibst, erfährst du im nächsten Kapitel, das sich mit der richtigen Ernährung beschäftigt. Die Grundlage ist eine abwechslungsreiche Ernährung, damit du möglichst alle Stoffe zu dir nimmst, die der Körper braucht.

Eine gesunde Ernährung wirkt sich auch positiv auf deine Zähne aus. Ob du alles richtig machst beim Zähneputzen, das sagt dir der Zahnarzt. Den solltest den du jedes halbe Jahr zur Kontrolle aufsuchen.

1 Durch Sport bleibt man fit

Fit bleiben, Sport treiben. Heute ist die Pause im Schulgebäude, weil es stark regnet. Omer möchte eigentlich gern an die frische Luft. Er hat nämlich gerade einige Zeit über der Mathematikprobe gesessen. Gestern hat er bis spät in die Nacht an seiner Spielkonsole gespielt. Dabei weiß auch Omer, dass Bewegung und Sport wichtig sind für einen gesunden Körper.

Er würde sich gerne mehr bewegen, doch der Sportverein verlangt hohe Monatsbeiträge. Zum Glück gibt es bei Omer in der Siedlung einen Bolzplatz. Er spielt dort regelmäßig mit seinen Freunden Fußball.

Sich gesund schlafen. Wer möchte nicht immer fit, leistungsfähig und gut gelaunt sein? Wer sparsam mit Computer und Fernseher umgeht und dafür ausreichend schläft, hält sein Nervensystem fit. Wer eine

Erkältung bekommen hat, der weiß es: Einige Tage Ruhe mit viel Schlaf wirken oft Wunder. Die körpereigene Abwehr ist im Schlaf besonders aktiv und bekämpft Krankheitserreger erfolgreich.

Computerspiele, Rauchen und Alkohol können süchtig machen. Immer wieder beginnen junge Leute mit dem Rauchen. Sie finden das Mitmachen in der Gruppe cool und fühlen sich stark. Viele machen einfach mal mit, merken aber nicht, dass sie irgendwann einmal nicht mehr auf Spiele, Rauchen und Alkohol verzichten können. Sie sind süchtig. Dabei sind die schädlichen Auswirkungen allen klar.

Wer nächtelang am Computer sitzt, ist am nächsten Tag nicht mehr leistungsfähig. Raucher erkranken häufiger an Lungenkrebs und Herzinfarkt. Alkohol führt zu Leistungsverlust und zur Schädigung des Gehirns und der inneren Organe.

MERKE

▶ Wer sich gesund ernährt, tut viel für seine Gesundheit.
▶ Mit viel Bewegung und ausreichend Schlaf halten wir vor allem Herz, Kreislauf und Nervensystem gesund.
▶ Computerspiele, Rauchen und Alkoholgenuss können in eine Sucht führen.

---

1 Fragen zum Text

a) Nenne Krankheiten, die auch auf falsches Ernährungsverhalten zurückzuführen sind.
b) Wie kann man sein Gehirn leistungsfähig halten und für ausgeruhte Nerven sorgen?
c) Zu welchen gesundheitlichen Gefahren können übermäßiges Computerspielen, Rauchen und Alkoholgenuss führen?

2 Sport anschauen oder Sport treiben?

a) Alle wissen, dass Bewegung gesund ist. Reichen hierfür die Sportstunden an deiner Schule aus? Diskutiert darüber in der Klasse.
b) Überlegt gemeinsam, welche Möglichkeiten es bei euch gibt, Sport zu treiben.

Zusammensetzung der Nahrung

A

B

C

1 Woraus besteht unsere Nahrung?

Angaben dazu findest du auf den Verpackungen vieler Produkte. Dort findest du oft Tabellen wie diese:

a) Vergleiche die drei Tabellen: Was ist bei allen gleich? Worin unterscheiden sie sich?

b) Überlegt zu zweit: Welche Tabellen gehören zu welchen Lebensmitteln A, B oder C?

Durchschnittliche Nährwerte je 100 g: ①	
Brennwert	3058 kJ/744 kcal
Fett	82 g
Kohlenhydrate	0,8 g
– davon Zucker	0,8 g
Eiweiß	0,6 g
Salz	0,03 g

Durchschnittliche Nährwerte je 100 g: ②	
Brennwert	2474 kJ/594 kcal
Fett	41 g
Kohlenhydrate	51 g
– davon Zucker	50 g
Eiweiß	5,1 g
Salz	0,24 g

Durchschnittliche Nährwerte je 100 g: ③	
Brennwert	1459 kJ/345 kcal
Fett	2 g
Kohlenhydrate	63 g
– davon Zucker	3 g
Eiweiß	14 g
Salz	<0,01 g

Jeden Tag nimmst du verschiedene Lebensmittel zu dir. In nahezu allen Lebensmitteln findet man die drei Nährstoffgruppen: Kohlenhydrate, Eiweißstoffe und Fette.

Kohlenhydrate. Zu den Kohlenhydraten gehören verschiedene Zucker sowie Stärke. Zucker ist in Obst, Milchprodukten und Süßigkeiten enthalten. Stärke kommt vor allem in Getreideprodukten, Nudeln und Kartoffeln vor. Kohlenhydrate gehören zu den **Energiestoffen**, weil sie Energie für den Körper liefern.

Eiweißstoffe. Sie sind in tierischen Nahrungsmitteln wie Fisch, Fleisch, Milch und Eiern enthalten. Sie kommen aber auch in pflanzlichen Nahrungsmitteln wie Gemüse und Kartoffeln vor. Eiweißstoffe werden beim Aufbau unseres Körpers benötigt. Deswegen zählt man sie zu den **Baustoffen**.

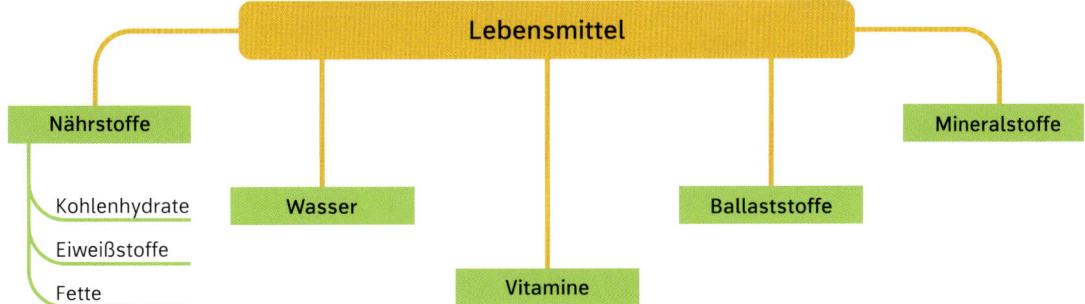

```
                        Lebensmittel

Nährstoffe                                        Mineralstoffe

  Kohlenhydrate      Wasser            Ballaststoffe

  Eiweißstoffe

  Fette                      Vitamine
```

1 *Diese Stoffe sind in unseren Nahrungsmitteln enthalten*

Fette. Sie haben einen sehr hohen Energiegehalt. Pflanzliche Fette gewinnt man beispielsweise aus Sonnenblumenkernen, Sojabohnen, Raps und Oliven. Zu den tierischen Fetten zählen Speck, Schmalz und Butter. Sie dienen im Körper als Energiespeicher. Fette gehören zu den **Energiestoffen**.

Wasser. Unser Körper besteht etwa zu 60 % aus Wasser. Durch Schweiß und Ausscheidungen geht aber ständig Wasser verloren. Diesen Verlust müssen wir mit Getränken und Nahrungsmitteln wieder ausgleichen. Ein Kind benötigt etwa 1 bis 1,5 l Wasser pro Tag, Erwachsene etwas mehr. Wasser dient im Körper vor allem als Lösungs- und Transportmittel.

Vitamine. Vitamine kommen vor allem in frischem Obst und Gemüse vor. Besonders bekannt ist zum Beispiel das Vitamin C. Vitamine haben viele Aufgaben; sie stärken zum Beispiel die Abwehrkräfte des Körpers. Vitamine benötigen wir nur in kleinen Mengen. Bei einer abwechslungsreichen Ernährung nehmen wir ausreichend davon auf.

Mineralstoffe. Zu den Mineralstoffen gehören zum Beispiel Calcium, Magnesium, Eisen und Jod. Sie sind besonders wichtig für Knochen und Muskeln, für das Blut und für die Schilddrüse. Wir müssen sie regelmäßig mit der Nahrung aufnehmen. Obst, Gemüse, Vollkornprodukte und Milch enthalten viele Mineralstoffe.

Ballaststoffe. Das sind die unverdaulichen Bestandteile von pflanzlicher Nahrung. Der Körper kann sie zwar nicht verdauen, sie sind aber dennoch wichtig. Sie regen die Darmtätigkeit an und sorgen für ein längeres Sättigungsgefühl. Besonders reich an Ballaststoffen sind Vollkornprodukte.

Lebensmittel-Zusatzstoffe wie Konservierungsmittel oder Geschmacksverstärker werden oft industriell hergestellten Lebensmitteln zugesetzt.

MERKE
▶ **Kohlenhydrate, Fette und Eiweißstoffe sind Nährstoffe.**
▶ **Auch Vitamine, Mineralstoffe und Wasser müssen mit der Nahrung aufgenommen werden.**
▶ **Ballaststoffe regen die Verdauung an.**

1 Fragen zum Text
a) Welche drei Nährstoffgruppen gibt es?
b) Welche Aufgabe haben die Ballaststoffe?
c) In welchen Lebensmitteln sind besonders viele Vitamine enthalten?

Zusammensetzung der Nahrung

1 Nahrungsmittel-Tabelle

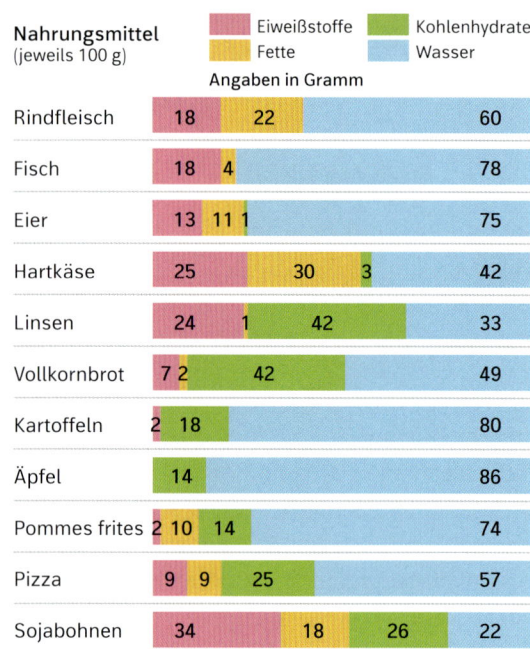

Nahrungsmittel (jeweils 100 g)

- Eiweißstoffe
- Fette
- Kohlenhydrate
- Wasser

Angaben in Gramm

Nahrungsmittel	Eiweißstoffe	Fette	Kohlenhydrate	Wasser
Rindfleisch	18	22		60
Fisch	18	4		78
Eier	13	11	1	75
Hartkäse	25	30	3	42
Linsen	24	1	42	33
Vollkornbrot	7	2	42	49
Kartoffeln	2		18	80
Äpfel			14	86
Pommes frites	2	10	14	74
Pizza	9	9	25	57
Sojabohnen	34	18	26	22

1 Tabelle (Werte in Gramm pro 100 g Lebensmittel)

a) Beschreibe, was dir die Tabelle 1 oben zeigt.
b) Äpfel gelten als „gesund". Weshalb solltest du dich dennoch nicht nur von Äpfeln ernähren?
c) Einige Menschen essen kein Fleisch. Nenne Lebensmittel aus der Tabelle oben, die ihnen trotzdem genug Eiweißstoffe liefern können.

2 Wichtige Helfer

Welche Bestandteile der Nahrung sind für die genannten Vorgänge im Körper besonders wichtig?

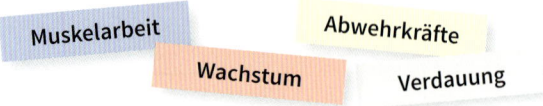

Muskelarbeit · Abwehrkräfte · Wachstum · Verdauung

3 Calcium – ein wichtiger Mineralstoff

a) Von den meisten Mineralstoffen haben wir ausreichend im Körper, wenn wir uns abwechslungsreich ernähren. Der Körper benötigt aber viel Calcium. Achte deshalb auf Lebensmittel, die viel Calcium enthalten. Welche sind das? Suche in Tabelle 2.
b) Wofür benötigen wir Calcium vor allem?
c) Jugendliche und Schwangere brauchen viel Calcium. Erkläre, woran das liegen könnte.
d) In Milchprodukten ist viel Calcium enthalten. Doch es gibt große Unterschiede. Suche im Internet nach dem Calcium-Gehalt verschiedener Milchprodukte. Erstelle daraus eine Liste.

4 Vitamine

a) Finde mit Hilfe der Tab. 2 heraus, in welchen Nahrungsmitteln ein Vitamin enthalten ist, das wichtig für die Augen ist.
b) Begründe mit Hilfe der Tab. 2, warum es wichtig ist, sich abwechslungsreich zu ernähren.

Vitamine	Aufnahme über	Wirkung auf
Vitamin C	Zitrusfrüchte, Paprika, Brokkoli	Abwehrkräfte, Knochen, Zähne
Vitamin B1	Naturreis, Blumenkohl	Nerven, Konzentration
Vitamin B6	Bananen, Walnüsse, Milch	Gute Laune, Haut
Vitamin A	Leber, Butter, Milch, Karotten	Augen, Haut, Abwehrkräfte
Vitamin D	Lachs, Champignons, Butter	Knochen, Zähne
Vitamin E	Pflanzenöle, Nüsse, Butter	Durchblutung, alle Körperzellen

Mineralstoffe	Aufnahme über	Wirkung auf
Calcium	Milchprodukte, Nüsse, Vollkornbrot	Knochen, Zähne, Muskeln
Magnesium	Grünes Gemüse, Milch, Käse, Fisch	Knochen, Zähne, Nerven, Muskeln
Eisen	Fleisch, Getreide, rotes Obst und Gemüse	Blut, Sauerstoffversorgung
Iod	Meeresfisch	Schilddrüse

2 Tabelle: Mineralstoffe und Vitamine (Auswahl)

Wie kannst du Inhaltsstoffe nachweisen?

Im Labor kann man mit chemischen Methoden ganz bestimmte Stoffe nachweisen. Einen solchen Versuch nennt man **Nachweisreaktion**.
Mit solchen Methoden kann man zum Beispiel auch die Inhaltsstoffe von Nahrungsmitteln nachweisen. Einfache Nachweise kannst du auch selbst durchführen.

Die folgenden Versuche sind immer unter der Aufsicht des Lehrers durchzuführen!

1 Nachweis von Eiweißstoffen

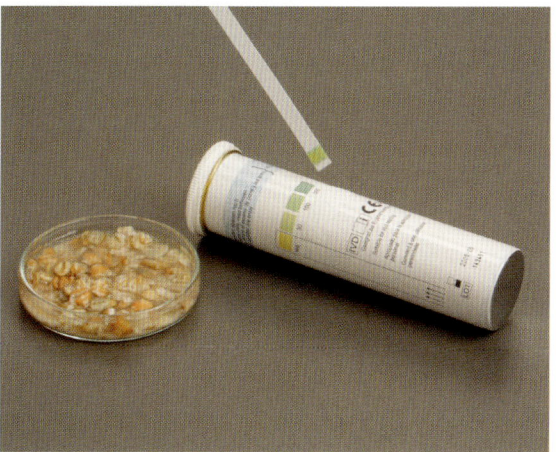

Material: Bechergläser; Teststäbchen auf Eiweiß; Lebensmittelproben (z.B. Eiklar, mit Wasser verdünnt, Kartoffeln, wenig Weißbrot in Wasser, Zuckerlösung)

Durchführung: Gib die Lebensmittelproben in Bechergläser und halte ein Teststäbchen hinein. Eine Verfärbung zeigt Eiweißstoffe an. Halte deine Ergebnisse in einer Tabelle fest.

Lebensmittel	Färbung
Eiklar	
Zuckerlösung	
...	

2 Nachweis von Stärke

Material: Pipette; Jodlösung zum Stärkenachweis; Lebensmittelproben (z.B. Kartoffelscheiben, Brot, Zucker, Milch, Obst, Gurke)

Durchführung: Gib auf die Lebensmittelproben jeweils einige Tropfen Jodlösung. Eine blauviolette Färbung zeigt an, dass Stärke enthalten ist. Überprüfe, welche der untersuchten Lebensmittel Stärke enthalten.

3 Nachweis von Fetten (Fettfleckprobe)

Material: 3 Pipetten; Filterpapier; Bleistift; Speiseöl; Wasser; Zitronensaft

Durchführung: Bringe je einen Tropfen der drei Flüssigkeiten nebeneinander auf das Filterpapier auf. Markiere die Flecken mit Bleistift und beschrifte sie. Halte das Papier gegen das Licht. Kontrolliere deine Beobachtungen nach 10 Minuten.
Beschreibe, wie sich die Flecken verändern. Versuche den Unterschied zu beschreiben.

+2000 kJ

+3650 kJ

+1100 kJ

+1250 kJ

+2900 kJ

7⁰⁰ Uhr **9³⁰ Uhr** **13³⁰ Uhr**

1 Tagesabläufe

Jonas und Andrej gehen in die gleiche Klasse aber ihre Tagesabläufe sind unterschiedlich.

a) Rechne aus, wie viel Energie die Kinder jeweils über die Nahrungsmittel aufnehmen. Der Energiegehalt ist im Bild oben angegeben.

b) Wie viel Energie benötigen sie an diesem Tag? Die Angaben stehen in der Abbildung 2, unten.

Ernährung ist Energieaufnahme. Jede Mahlzeit enthält unterschiedlich viele Nährstoffe und unterschiedlich viel Energie. Der Energiegehalt wird in der Einheit Kilojoule (kJ) angegeben.
Auf Verpackungen von Lebensmitteln findest du neben der Angabe in Kilojoule oft auch noch die früher gebräuchliche Angabe Kilokalorien (kcal). Eine Kilokalorie sind etwa 4,2 Kilojoule.

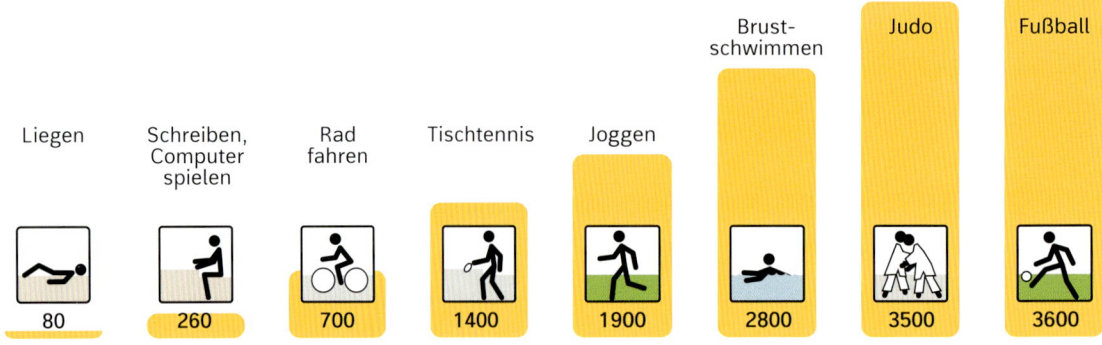

Liegen	Schreiben, Computer spielen	Rad fahren	Tischtennis	Joggen	Brust- schwimmen	Judo	Fußball
80	260	700	1400	1900	2800	3500	3600

2 *Energieaufwand für verschiedene Tätigkeiten in kJ pro Stunde*

15⁰⁰ – 17⁰⁰ Uhr

18⁰⁰ – 19⁰⁰ Uhr

+4000 kJ

+1800 kJ

19³⁰ Uhr

Grundumsatz. Unser Körper benötigt ständig Energie. Auch wenn du schläfst, müssen deine Atmung, der Herzschlag und die Verdauung in deinem Körper weiter funktionieren. Die Energie, die der Körper innerhalb von 24 Stunden für diese Aufgaben benötigt, nennt man Grundumsatz.

Leistungsumsatz. Nun liegst du jedoch, wenn du gesund bist, nicht den ganzen Tag im Bett. Du gehst zur Schule und lernst, treibst Sport, triffst dich mit Freunden und vieles mehr. Alle körperlichen und geistigen Aktivitäten brauchen zusätzlich Energie; man bezeichnet sie als Leistungsumsatz.

Gesamtumsatz. Grundumsatz und Leistungsumsatz zusammen ergeben den Gesamtumsatz. Je mehr du dich bewegst, desto mehr Energie benötigst du und dein Gesamtumsatz steigt.
In deinem Alter brauchst du täglich ungefähr 8500 bis 10 000 Kilojoule.

MERKE
▶ **Wenn du viel isst und dich wenig bewegst, nimmst du mehr Energie auf als du benötigst. Diesen Überschuss an Energie speichert dein Körper als Fett.**

1 Fragen zum Text
a) Wie heißt die tägliche Energiemenge, die man auch im Ruhezustand benötigt?
b) Was versteht man unter Leistungsumsatz?
c) Wie hoch ist in etwa dein täglicher Energiebedarf?
d) Wie wird überflüssige Energie gespeichert?

2 Energiebedarf und Energieaufnahme
Andrej nimmt über das Essen weniger Energie auf als er an einem Tag benötigt. Überlege, wie sich Andrejs Körper mit der Zeit verändern würde, wenn jeder Tag so abliefe.

Die richtige Wahl. Wenn du zum Einkaufen gehst, findest du in den Regalen eine riesige Auswahl an Lebensmitteln. Wie wählst du daraus die richtigen aus? Ernährungswissenschaftler sagen, dass es keine „supergesunden", aber auch keine „verbotenen" Lebensmittel gibt. Es kommt vielmehr darauf an, wie oft und wie viel man davon isst.

Wichtig ist, dass dein Körper ausreichend mit Nährstoffen, Mineralstoffen, Vitaminen und Ballaststoffen versorgt wird. Dies erreichst du, wenn du dich **abwechslungsreich ernährst.** Die Ernährungspyramide kann dir dabei helfen (Bild 2).

1 Lebensmittel: was soll man essen?

In den Einkaufsläden bekommt man eine sehr große Auswahl an Lebensmitteln. Kannst du von allen Lebensmitteln gleich oft und gleich viel essen, wenn du dich gesund ernähren willst? Diskutiert darüber in der Klasse.

Die Ernährungspyramide. Grundsätzlich solltest du von dem, was in der Pyramide **weit unten** steht, **reichlich** zu dir nehmen. Je weiter oben das Nahrungsmittel eingeordnet ist, umso weniger ist davon nötig.

Stufe 1: Getränke. Täglich solltest du mindestens 1,5 Liter Flüssigkeit zu dir nehmen. Trinke vor allem Wasser oder zuckerfreien Tee. Säfte und Limonaden enthalten oft große Mengen an Zucker.

Stufe 2: Obst und Gemüse. Du kannst mehrmals am Tag zugreifen, denn sie enthalten viele Vitamine, Mineralstoffe und Ballaststoffe.

Stufe 3: Kohlenhydrate. Dazu gehören Vollkornbrot, Nudeln, Kartoffeln und Reis. Sie versorgen uns für längere Zeit mit Energie. Du solltest ausreichend viel pro Tag davon essen.

Stufe 4: Milchprodukte, Fleisch und Fisch. Hiervon solltest du weniger essen.

Stufe 5: Fette. Butter und Schmalz sind tierische Fette, die du sparsam verwenden kannst. Pflanzliche Öle wie Olivenöl sind besser geeignet.

Stufe 6: Zuckerhaltige Nahrungsmittel wie Kuchen, Schokolade, süße Getränke, Bonbons und andere Süßigkeiten. Diese Nahrungsmittel solltest du nur ab und zu in kleinen Mengen genießen.

sehr wenig

wenig

täglich genügend

zu jeder Hauptmahlzeit

mehrmals am Tag

reichlich

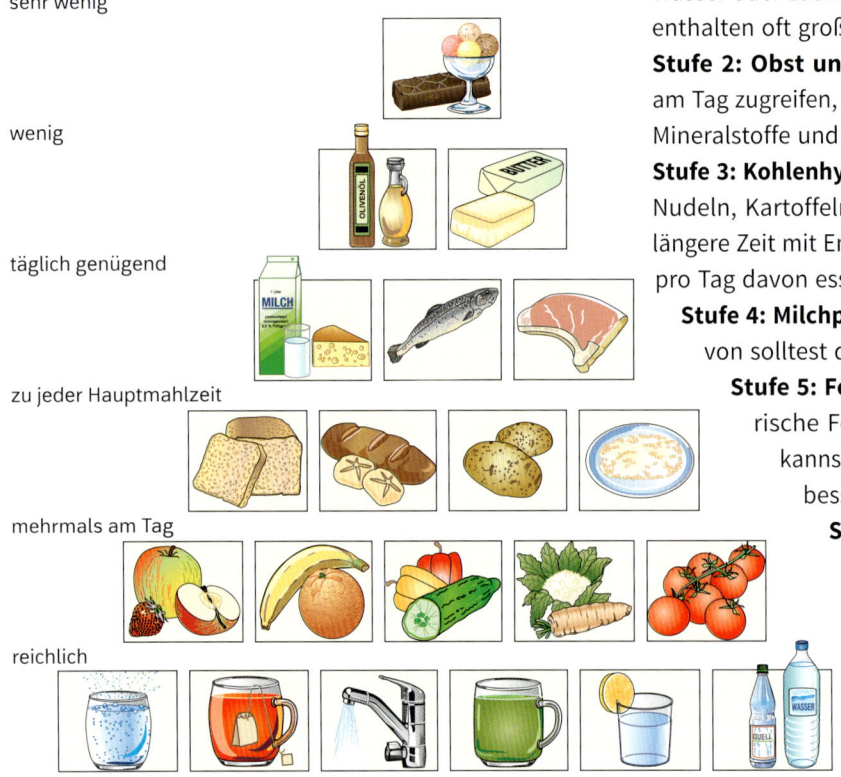

2 Ernährungspyramide

Wenn du dich an diese Grundsätze hältst, ernährst du dich ausgewogen. Dann bekommst du aus der Nahrung alle lebenswichtigen Bestandteile, die der Körper benötigt.

MERKE

▶ Eine ausgewogene Ernährung liefert alle lebenswichtigen Stoffe, die du brauchst.
▶ Abwechslungsreich essen ist ein wichtiger Ernährungsgrundsatz.

---

1 Fragen zum Text

a) Worauf kommt es bei der richtigen Ernährung an?
b) Inwiefern hilft mir die Ernährungspyramide bei der richtigen Ernährung?
c) Wie viel Wasser solltest du täglich zu dir nehmen?

2 Viel oder wenig

a) Stellt zu zweit mit Hilfe der Nahrungspyramide einen Speiseplan für einen Tag zusammen.
b) Vergleicht die Pläne in der Klasse.

EXTRA

Ernährung – nicht für jeden gleich

Eine abwechslungsreiche Ernährung ist für alle wichtig. Vitamine und Mineralstoffe benötigt jeder in ausreichender Menge. Dennoch sollte die Ernährung nicht für jeden gleich sein.

Schüler. Kinder und Jugendliche befinden sich im Wachstum. Knochen und Muskeln müssen aufgebaut werden. Dazu benötigen sie viel Eiweiß  und Calcium. Daher sind Milchprodukte als Nahrung empfehlenswert. Da ein Schüler viel sitzt und wenig körperlich arbeitet, braucht er nur wenig Fett.

Sportler. Menschen, die Sport betreiben, benötigen viel Energie, um leistungsfähig zu sein. Diese Energie kann man vor allem aus Kohlenhydraten aufnehmen. Sportler essen deshalb viel Nudeln, Reis, Müsli und Brot. Für den Muskelaufbau benötigen sie auch viel Eiweiß.

Bauarbeiter. Menschen, die ständig körperlich schwer arbeiten, benötigen, wie Sportler, sehr viel Energie. Ihren erhöhten Energiebedarf können sie besonders gut mit Kohlenhydraten und Fetten decken.

Büroarbeiter. Personen, die in ihrem Beruf viel sitzen und wenig körperlich arbeiten, müssen darauf achten, dass sie nur wenig Fett und mäßig  Kohlenhydrate zu sich nehmen. Für sie sind Eiweiß, Mineralstoffe und Vitamine wichtig.

1. Warum muss eine Leistungssportlerin mehr Energie über die Nahrung aufnehmen als eine Büroangestellte?
2. Du planst einen langen, anstrengenden Ausflug mit deiner Familie. Welche Verpflegung nehmt ihr hauptsächlich mit?

Der Weg der Nahrung durch den Körper

1 Kauen verändert den Geschmack

Nimm ein Stück Brot in den Mund und kaue etwa zwei Minuten, ohne das Brot dabei zu schlucken. Beschreibe, wie sich der Geschmack verändert hat.

Verdauung. Wichtige Bestandteile unserer Nahrung sind Kohlenhydrate, Fette und Eiweißstoffe. Um sie im Körper nutzen zu können, müssen sie in kleine Bestandteile zerlegt werden. Dies geschieht bei der Verdauung. So können die Nährstoffe dann vom Körper zur Energiegewinnung oder zum Aufbau des Körpers genutzt werden. Jedes Verdauungsorgan hat dabei bestimmte Aufgaben.

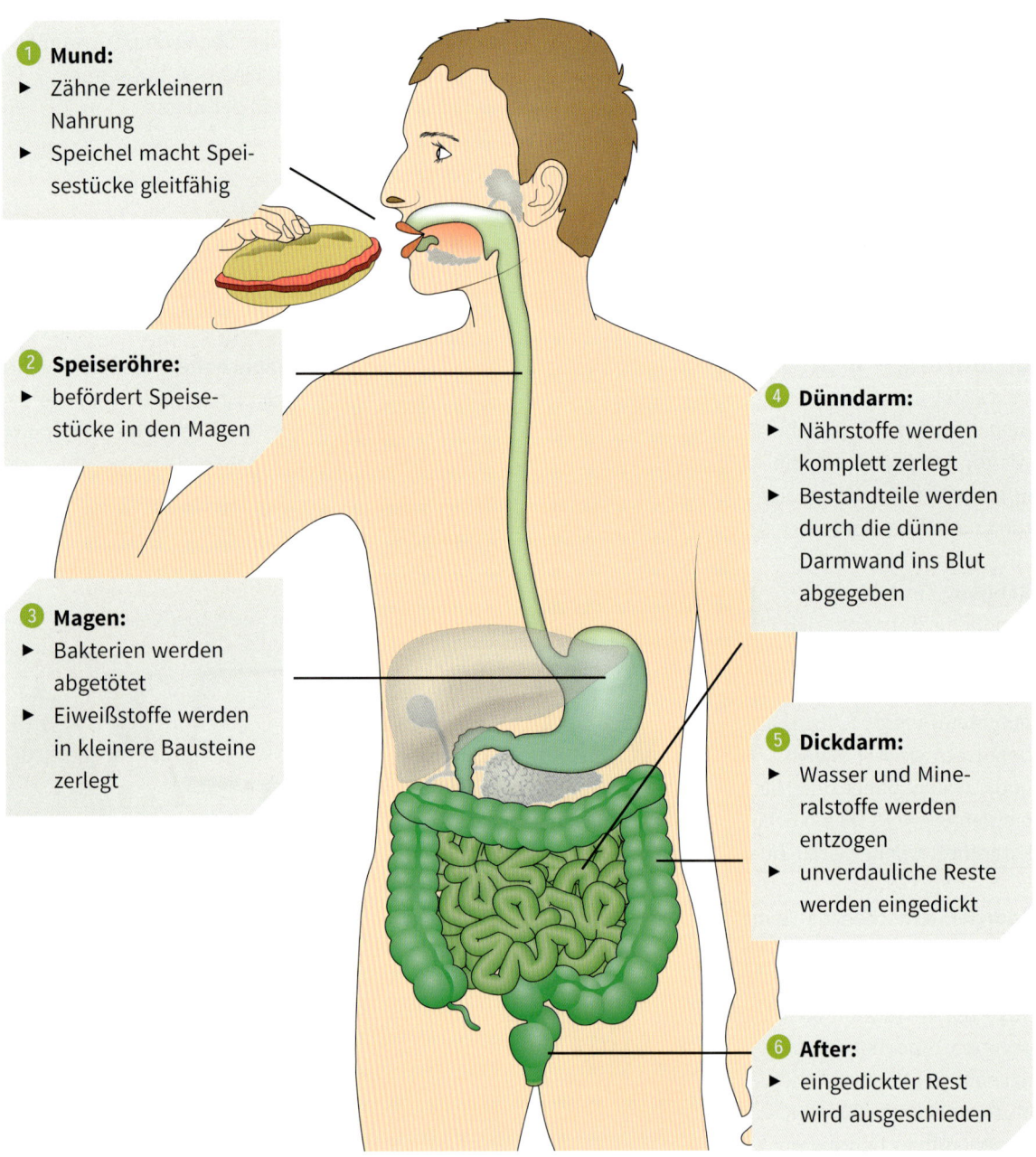

1 **Mund:**
► Zähne zerkleinern Nahrung
► Speichel macht Speisestücke gleitfähig

2 **Speiseröhre:**
► befördert Speisestücke in den Magen

3 **Magen:**
► Bakterien werden abgetötet
► Eiweißstoffe werden in kleinere Bausteine zerlegt

4 **Dünndarm:**
► Nährstoffe werden komplett zerlegt
► Bestandteile werden durch die dünne Darmwand ins Blut abgegeben

5 **Dickdarm:**
► Wasser und Mineralstoffe werden entzogen
► unverdauliche Reste werden eingedickt

6 **After:**
► eingedickter Rest wird ausgeschieden

1 Verdauungsorgane und ihre Aufgaben

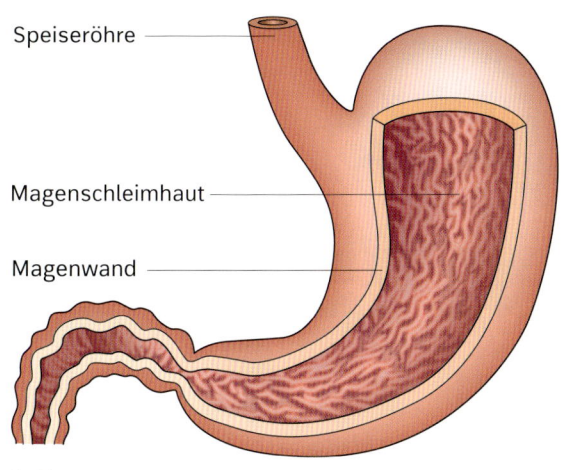

1 Magen

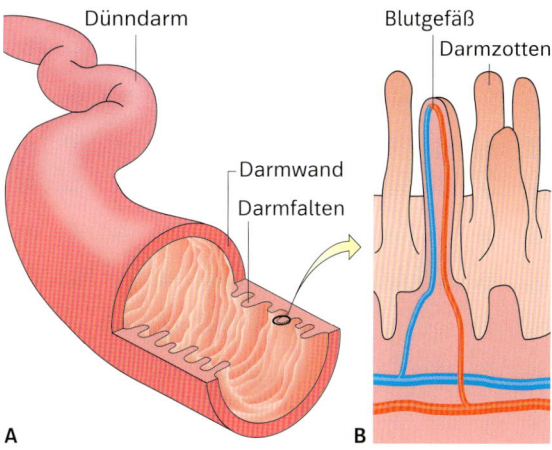

A　　　　　　　　　　　　　　　　**B**

2 Dünndarm

Mundhöhle. Die Verdauung beginnt bereits im Mund. Die Nahrung wird mit den Zähnen abgebissen und zerkleinert. Speichel macht die Bissen gleitfähig. Außerdem enthält der Speichel Stoffe, die dabei helfen, Stärke in Zucker zu zerlegen. Deshalb schmeckt Brot nach längerem Kauen süßlich.

Speiseröhre. Nach dem Kauen wird die Nahrung verschluckt. Die Muskeln der Speiseröhre ziehen sich zusammen und befördern die Speisestücke so aktiv in den Magen. Dies ist sogar kopfüber möglich.

Magen. Die Wände des Magens bestehen aus kräftigen Muskeln. Im Magen wird die Nahrung gesammelt und ständig durchgeknetet. Die Magensäure tötet Bakterien ab und hilft dabei, Eiweißstoffe in kleinere Bausteine zu spalten.

Dünndarm. Über den Magenausgang gelangt der Speisebrei portionsweise in den Dünndarm. Hier werden die Nährstoffe vollständig zerlegt. Der Dünndarm besitzt viele Falten und zahlreiche winzige Ausstülpungen, die Darmzotten. Über diese große Oberfläche können die Nährstoffe durch die Dünndarmwand rasch ins Blut gelangen.

Dickdarm. Der Dickdarm entzieht dem Nahrungsbrei Wasser und Mineralstoffe. Diese gelangen in den Körper. Der Speisebrei wird also eingedickt.

After. Der eingedickte Brei wird im Enddarm gesammelt und schließlich als Kot über den After ausgeschieden.

MERKE
▶ Bei der Verdauung werden Fette, Eiweißstoffe und Kohlenhydrate in sehr kleine Bausteine zerlegt.
▶ Diese werden vor allem im Dünndarm vom Blut aufgenommen.

1 Fragen zu Text
a) Nenne die sechs Stationen der Verdauung.
b) Was geschieht im Magen?
c) Welche Aufgaben hat der Dünndarm bei der Verdauung?

2 Kopfüber trinken
Carla wettet:
„Ich kann im Handstand mit einem Strohhalm aus einem Glas trinken!"
Was glaubst du, wie kann das funktionieren?

3 Trinken im Handstand

Krank durch falsche Ernährung

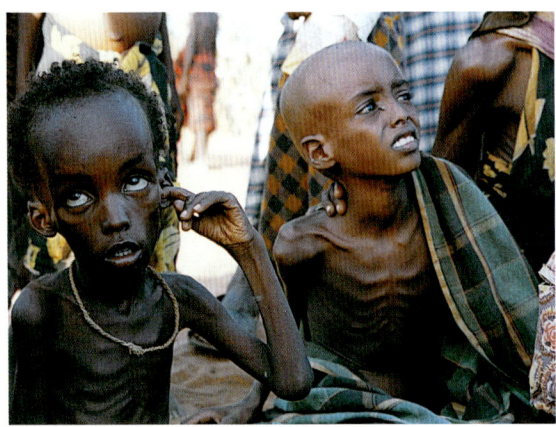

1 Es gibt viele Menschen auf der Welt, die hungern

2 Sport hilft mit, Übergewicht zu verringern

1 Zwei verschiedene Welten

a) Beschreibe die beiden Bilder oben.
b) Welche Probleme werden mit diesen Bildern angesprochen?
c) Kannst du etwas dazu sagen, wie solche Probleme entstehen können?

Unterernährung. Auf der Erde gibt es viele Gebiete, in denen die Menschen zu wenig zu essen haben. Etwa jeder neunte Mensch auf der Welt leidet an Hunger. Das sind fast 800 Millionen Menschen. Ihnen fehlen Nährstoffe und lebenswichtige Vitamine. Dieser Mangel ist für Kinder besonders gefährlich, da sie sich noch im Wachstum befinden.
Ihre Körper zeigen dann die typischen Merkmale einer Unterernährung. Sie sind bis auf die Knochen abgemagert, wodurch der Kopf sehr groß erscheint. Der Bauch ist oft unnatürlich aufgebläht. Eine Unterernährung im Kindesalter kann der geistigen und körperlichen Entwicklung schaden und macht anfälliger für Krankheiten.

Übergewicht. Wer zu viel isst, bekommt **Übergewicht.** Bei starkem Übergewicht spricht man auch von Fettsucht.
Es gibt mehrere Ursachen für starkes Übergewicht: falsche Ernährung (zum Beispiel mit sehr fetthaltigem Fastfood), zu wenig Bewegung, Stress, Veranlagung. Starkes Übergewicht kann zu gesundheitlichen Problemen führen. Unter dem hohen Gewicht leiden die Gelenke und Knochen. So kommt es zu Haltungsschäden. Auch das Risiko für Herz-Kreislauferkrankungen, Bluthochdruck und andere Krankheiten ist bei übergewichtigen Personen größer.
Bei starkem Übergewicht reicht es nicht aus, einfach etwas weniger zu essen. Oft muss die komplette Ernährung umgestellt werden, damit man auch langfristig Erfolg hat. Hilfreich ist auch mehr Bewegung.

Essstörungen. Eine besondere Form der Fehlernährung sind Essstörungen wie die Magersucht und die Ess- und Brechsucht.
Magersüchtige glauben, dass sie zu dick sind, obwohl sie tatsächlich normalgewichtig sind. Sie essen extrem wenig und nehmen deshalb sehr stark ab. Dieses Hungern kann bis zum Tod führen.
Personen mit **Ess- und Brechsucht** essen in kurzer Zeit unkontrolliert sehr viel. Anschließend erbrechen sie das Essen absichtlich wieder. Dieses Verhalten kann zu verschiedenen körperlichen und seelischen Krankheiten führen.

Diabetes. Diabetes heißt auch **Zuckerkrankheit,** da sich hier zu viel Zucker im Blut befindet, der nicht abgebaut werden kann.
Von dieser Erkrankung gibt es verschiedene Formen, die unterschiedliche Ursachen haben können. Eine fette, kohlenhydratreiche Ernährung erhöht das Risiko, an Diabetes zu erkranken. Manchmal tritt die Krankheit in Familien gehäuft auf. Man glaubt daher, dass sie zum Teil auch vererbt werden kann.

MERKE

▶ Falsche Ernährung, wenig Bewegung und Veranlagung sind die Hauptursachen für Übergewicht und Fettleibigkeit.

▶ Essstörungen und Nahrungsmangel führen zu Unterernährung.

▶ Fettleibigkeit und Unterernährung können schwere Krankheiten zur Folge haben.

1 Fragen zum Text

a) Nenne einige Ursachen für Übergewicht.

b) Welche gesundheitlichen Probleme können durch Übergewicht entstehen?

c) Was bedeutet der Begriff Magersucht?

2 Übergewicht auf der ganzen Welt?

In Industrieländern wie Deutschland ist der Anteil an Übergewichtigen viel höher als in Ländern in Afrika oder Asien.

a) Überlegt zu zweit, welche Ursachen das haben könnte.

b) Überlegt, was man tun könnte, damit es weniger Menschen gibt, die hungern.

EXTRA

Leben mit Diabetes

Viele reagieren geschockt, wenn sie erfahren, dass sie Diabetes (Zuckerkrankheit) haben. Doch heutzutage ist das kein Grund mehr zur Panik. Für die Patienten ändert sich zwar einiges, es ist aber dennoch in vielen Bereichen ein normales Leben möglich.

Bei Julia begann alles vor einem Jahr. Sie hatte ständig Durst, musste sehr oft auf die Toilette und fühlte sich schlapp und kraftlos. Die Ärzte stellen fest, dass sie **Diabetes** hat. Das bedeutet, dass in ihrem Blut zu viel Zucker ist. Das heißt nicht, dass sie zu viel Süßes isst. Sondern ihr Körper produziert zu wenig **Insulin.** Das ist ein Stoff, der Zucker abbaut.

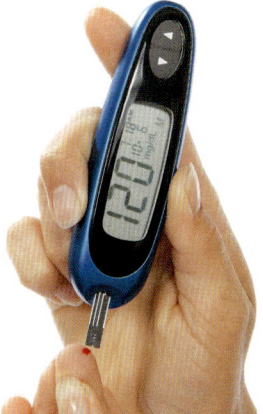

Blutzucker messen. Deshalb muss sie die Zuckermenge in ihrem Blut mehrmals am Tag kontrollieren. Dazu braucht sie einen kleinen Tropfen Blut aus der Fingerspitze, den sie auf einen Messstreifen gibt. Das Messgerät zeigt dann ihren Blutzuckerwert an.

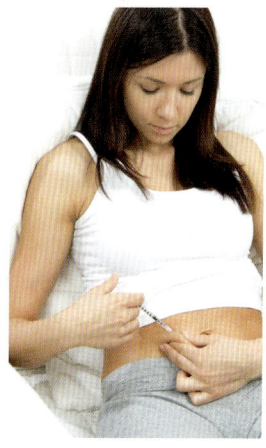

Insulin spritzen. Vor den Mahlzeiten und bei einem zu hohen Messwert muss sie sich dann Insulin spritzen. Das Insulin hilft, den Blutzuckerwert niedrig zu halten. Die Spritze gibt sie sich meistens in den Bauch, denn von dort kann sich das Insulin gut im Körper verteilen.

In der Schule. Auch in der Schule muss Julia regelmäßig ihren Blutzucker messen. Ist der Wert niedrig, darf sie etwas essen. Wenn Julia Sport treibt, braucht ihr Körper viel Energie. Deshalb muss sie vor dem Sportunterricht ebenfalls etwas essen. Dann kann sie ganz normal Sport treiben.

1. a) Welche Anzeichen für Diabetes hatte Julia?
   b) Was muss sie beachten, wenn sie in der Schule ist?
   c) Warum Ist Insulin für den Körper wichtig?

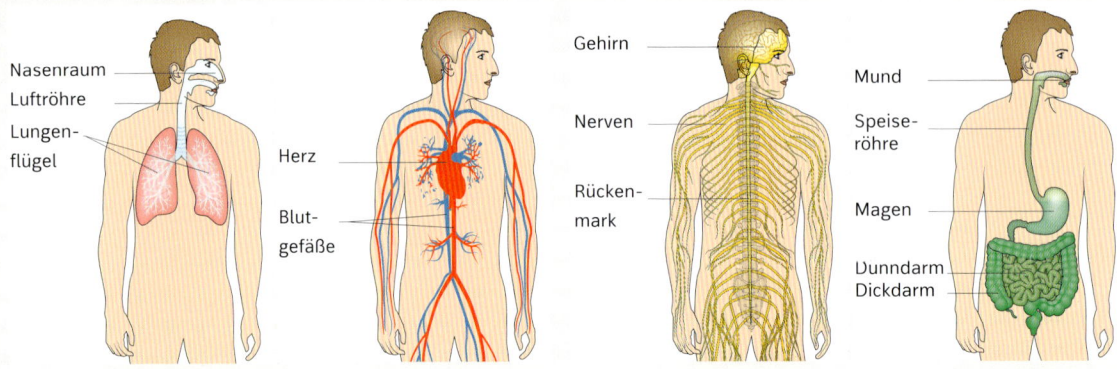

▶ Atmung, Blutkreislauf, Nervensystem und Verdauung sind wichtige Organsysteme des Menschen.

▶ Nahrungsmittel liefern uns die Stoffe und die Energie, die der Körper braucht.

▶ Bei der Verdauung wird die Nahrung in sehr kleine Bausteine zerlegt.

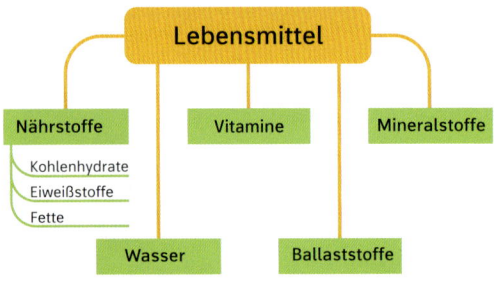

▶ Einen Energieüberschuss speichert der Körper als Fett.

▶ Wichtig ist: Abwechslungsreich essen! Die Ernährungspyramide zeigt, wie unsere Ernährung zusammengesetzt sein sollte:

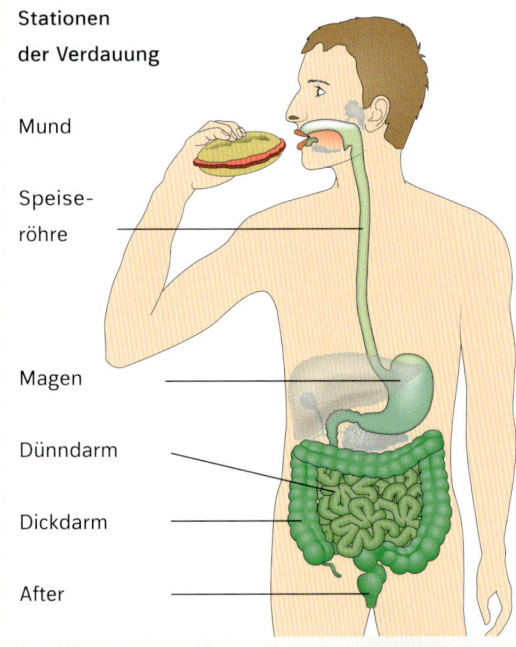

▶ Diese werden vor allem im Dünndarm vom Blut aufgenommen.

▶ Falsche Ernährung, wenig Bewegung und Veranlagung sind die Hauptursachen für Übergewicht und Fettleibigkeit.

▶ Viel Bewegung und genug Schlaf sind auch wichtig für Herz, Kreislauf und Nervensystem.

TRAINER

1 Organsysteme: Atmung und Blutkreislauf

a) Beschreibe, welche Teile des Körpers bei der Atmung beteiligt sind.

b) Welcher Stoff wird bei der Atmung aufgenommen, welcher abgegeben?

c) Was geschieht, wenn der Sauerstoff aus der Luft in der Lunge angekommen ist?

d) Wie wird der Sauerstoff im Körper verteilt?

e) Warum müssen die Atmung und der Blutkreislauf im Körper zusammenarbeiten?

2 Bestandteile der Nahrung

a) Nenne die drei Nährstoffgruppen, die in unserer Nahrung enthalten sind.

b) Welche weiteren Bestandteile der Nahrung benötigt unser Körper außerdem noch?

c) Ballaststoffe sind keine Nährstoffe, sie können vom Körper nicht verwertet werden. Warum sind sie dennoch wichtig?

3 Nährstoffe nachweisen

a) Beschreibe, wie du in Kartoffeln Stärke nachweisen kannst.

b) Wie kannst du zeigen, dass Rapsöl aus Fett besteht, Zitronensaft dagegen nicht?

4 Die Milch macht's

Durchschnittliche Nährwerte in 100 ml:	
Energie	267 kJ / 64 kcal
Fett	3,5 g
davon gesättigte Fettsäuren	2,3 g
Kohlenhydrate	4,7 g
davon Zucker	4,7 g
Eiweiß	3,4 g
Salz	0,13 g
Calcium	120 mg

a) Auf dem Bild siehst du die Nährwerttabelle von Milch. Begründe, warum Milch als vollwertiges Lebensmittel bezeichnet werden kann.

b) Wofür kann der Körper das Calcium nutzen?

c) Weshalb muss man sich abwechslungsreich ernähren, wenn man gesund bleiben will?

5 Nahrung ist Energie

a) Wie heißt die Einheit, in der der Energiegehalt der Nahrung angegeben wird?

b) Was geschieht, wenn man über längere Zeit mehr Energie aufnimmt als man benötigt?

6 Gesunde und ausgewogene Ernährung

a) Felix isst gerne Hamburger und Pommes mit Cola, am liebsten jeden Tag. Warum ist das nicht gesund?

b) Mache mit Hilfe der Ernährungspyramide einen Vorschlag für ein ausgewogenes Mittagessen.

7 Die Verdauung

a) Man sagt: Die Verdauung beginnt bereits im Mund. Was ist damit gemeint?

b) Beschreibe den Weg, den die Nahrung durch unseren Körper nimmt.

c) Wo werden die Nährstoffe vom Blut aufgenommen?

8 Problem: Übergewicht

a) Erkläre, welche Ernährung schnell zu Übergewicht führen kann.

b) Welche Folgen kann Übergewicht für unsere Gesundheit haben?

Wenn du Hilfe bei den Aufgaben brauchst, schau auf den folgenden Seiten nach:

Aufgabe	Hilfe auf...	Aufgabe	Hilfe auf ...
1	S. 70	4 c	S. 80, 81
2 a	S. 74, 75	5 a	S. 78
2 b, c	S. 75	5 b	S. 79
3	S. 77	6	S. 80, 81
4 a	S. 74-76	7	S. 82, 83
4 b	S. 76	8	S. 84

Lösungsvorschläge zu den Trainer-Aufgaben findest du im Anhang des Buches.

Knochenarbeit für das Skelett

1 Ohne Knochen und Muskeln keine Bewegung …

1 Knochen über Knochen

a) Überlege: Was brauchen wir, damit wir uns so vielfältig bewegen können?

b) Schätze, wie viele Knochen ein Mensch hat; sind es etwa 50, 100, 200 oder sogar 300?

c) Der kleinste Knochen des Menschen im Mittelohr ist nur etwa 3 mm groß. Suche bei einem Skelett (Bild 1, S. 89) den größten Knochen.

d) Schätze, aus wie vielen Knochen ein Arm zusammengesetzt ist (Oberarm + Unterarm + Hand). Überprüfe deine Schätzung, indem du die Knochen mithilfe der Abbildung zählst.

2 Wo sitzt welcher Knochen?

Zu zweit: Nenne deinem Partner den Namen eines Knochens. Er soll dann versuchen, diesen Knochen am eigenen Körper zu ertasten. Anschließend tauscht ihr die Rollen. Verwendet dazu Abb. 1, S. 89 (Skelett).

3 Arme und Beine

Das Armskelett hat diesen Aufbau: Erst kommt ein Knochen, dann folgen zwei Knochen und dann viele Knochen.

a) Wie heißen die drei größten Knochen des Armskeletts? Schaue beim Skelett (S. 89) nach.

b) Nenne die drei größten Knochen des Beinskeletts.

c) Vergleiche nun das Armskelett und das Beinskelett miteinander.

d) Begründe, warum es sinnvoll ist, dass das Beinskelett stabiler gebaut ist als das Armskelett.

4 Sind Knochen lebendig?

Mila behauptet: „Knochen müssen lebendig sein, denn sonst könnten wir ja gar nicht wachsen."
Was meinst du dazu? Suche einen weiteren Hinweis dafür, dass Knochen tatsächlich leben.

5 Knochen sind stabil und leicht

a) Sägt man einen Oberschenkelknochen auf, kann man an den Enden feine Knochenbälkchen sehen (Bild unten links). Der Knochen ist also nicht aus kompakter Knochenmasse aufgebaut. Erkläre, was das für einen Vorteil bringt.

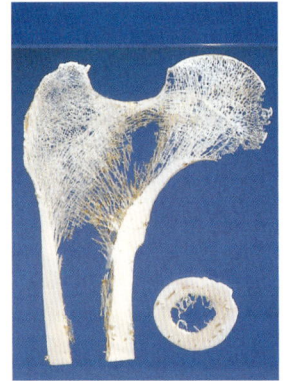

b) Vergleiche den Bau des Oberschenkelknochens mit der Bauweise des Eiffelturms in Paris. Er ist aus vielen dünnen Stahlträgern aufgebaut.

6 Gewölbe sind sehr stabil

Manche Gebäude und Brücken werden als Gewölbe mit gebogenen Decken gebaut. Dabei kann ein großes Gewicht durch relativ schmale Wände getragen werden. Vergleiche den Bau des Fußskeletts mit dem Bau eines Brückengewölbes.

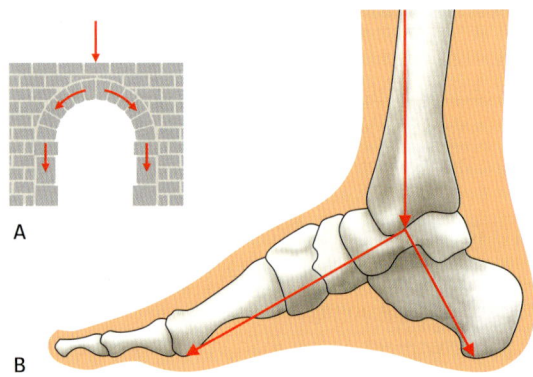

A

B

Das Skelett stützt. Das menschliche Skelett besteht aus etwa 200 Knochen. Vor allem die **Wirbelsäule** und die **Beinknochen** tragen und stützen unseren Körper. An der Wirbelsäule sind weitere Teile des Skeletts beweglich befestigt, zum Beispiel Arme und Beine. Sie heißen auch **Gliedmaßen**. Die Fußknochen müssen unser ganzes Körpergewicht tragen. Sie sind so gebaut, dass sie Stöße abfedern können .

Das Skelett schützt. Im **Kopfskelett** sind die Knochenplatten zu einem fast geschlossenen Schädel verbunden. Er schützt unser Gehirn und die Sinnesorgane wie ein Schutzhelm. Der **Brustkorb** besteht aus den Rippen und dem Brustbein. Er schützt besonders das Herz und die Lunge. Die Knochen des **Beckens** schützen die Verdauungsorgane.

Knochen sind leicht und dennoch stabil. Knochen sind aus festem **Kalk** und elastischem **Knorpel** aufgebaut. Das macht sie stabil aber auch etwas elastisch. Der harte Kalk ist zum Teil in Form von feinen **Knochenbälkchen** aufgebaut. Knochen sind daher leichter als du denkst.
Knochen werden von Blutgefäßen versorgt; sie sind also kein totes Material, **sie leben**. Deshalb können Knochen wachsen und gebrochene Knochen wieder verheilen.

MERKE

▶ **Das Skelett stützt und schützt den Körper und ermöglicht Bewegungen.**

▶ **Knochen bestehen aus festem Kalk und elastischem Knorpel. Sie sind leicht und dennoch stabil.**

---

1 Fragen zum Text:
a) Nenne die beiden wichtigen Aufgaben des Skeletts.
b) Welche Organe schützt der Brustkorb?
c) Woran kannst du erkennen, dass Knochen leben?

2 Knochenaufbau
Begründe, wie die Knochen sowohl stabil als auch leicht und sogar etwas elastisch sein können.

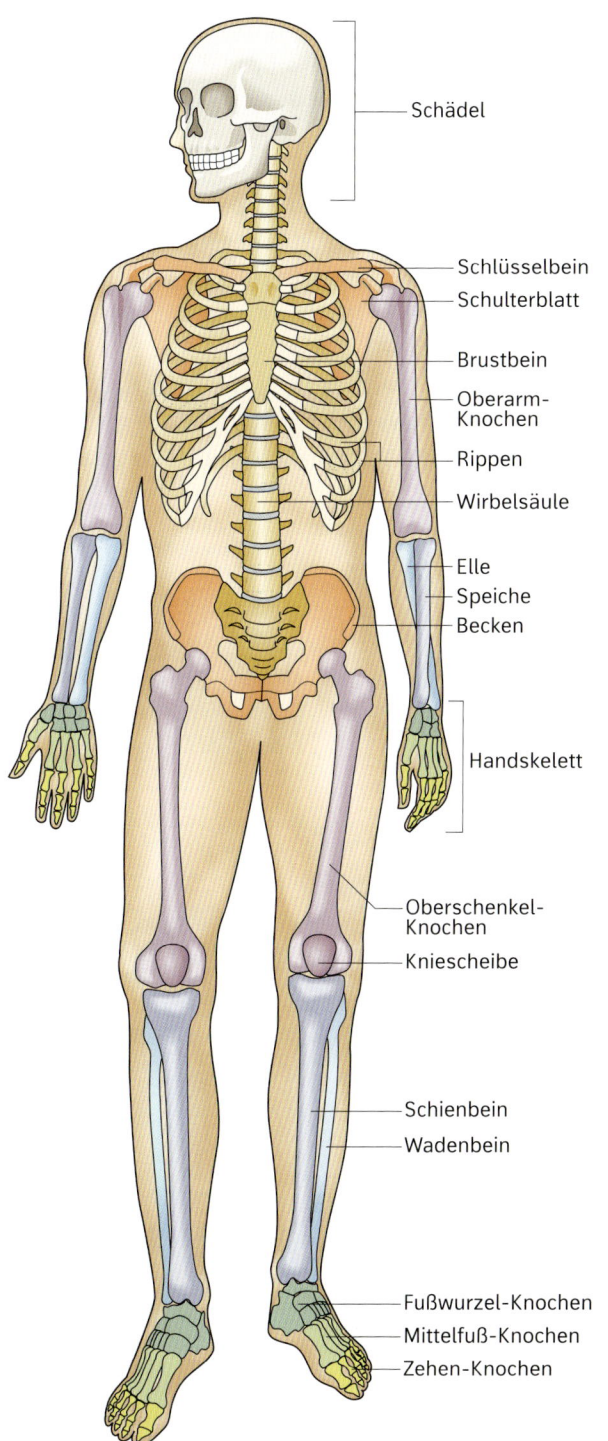

1 Menschliches Skelett

Schädel
Schlüsselbein
Schulterblatt
Brustbein
Oberarm-Knochen
Rippen
Wirbelsäule
Elle
Speiche
Becken
Handskelett
Oberschenkel-Knochen
Kniescheibe
Schienbein
Wadenbein
Fußwurzel-Knochen
Mittelfuß-Knochen
Zehen-Knochen

Die Wirbelsäule: beweglich und stabil

1 Eine besondere Form

Stelle dich mit dem Rücken ganz an eine gerade Wand. Dein Partner soll prüfen, an welchen Stellen er eine Hand zwischen Wand und Körper schieben kann. Was schließt ihr daraus?

Aufgaben der Wirbelsäule. Die Wirbelsäule ist die zentrale Achse und Stütze unseres Körpers. Ohne sie könnten wir nicht aufrecht gehen. Sie muss also sehr **stabil** sein. Das ist die eine wichtige Aufgabe der Wirbelsäule.

Die zweite wichtige Aufgabe der Wirbelsäule ist es, den Körper **beweglich** zu machen. Es ist gar nicht so einfach, beide Eigenschaften gleichzeitig zu erfüllen.

Bau der Wirbelsäule. Die Wirbelsäule ist kein fester Knochenstab aus einem Stück. Sie ist aus vielen einzelnen **Wirbelknochen** (Wirbeln) zusammengesetzt. Sie sind **beweglich** miteinander verbunden. Zwischen den Wirbelknochen befinden sich die **Bandscheiben.** Sie bestehen aus **elastischem Knorpelmaterial.** Sie wirken wie die Stoßdämpfer bei einem Auto. Außerdem verhindern sie, dass die Wirbelknochen aneinander reiben. Dadurch ist die Wirbelsäule nach allen Seiten beweglich.

Von der Seite betrachtet erkennst du, dass die Wirbelsäule nicht ganz gerade ist. Man sagt, sie ist **doppelt S-förmig gekrümmt.** Sie kann dadurch Stöße abfedern und Erschütterungen auffangen. Kräftige Rückenmuskeln und Bänder stabilisieren die Wirbelsäule zusätzlich.

Schutz für das Rückenmark. Alle Wirbel sind übereinander „gestapelt". Weil sie in der Mitte ein Loch haben, ergibt sich daraus eine Röhre. In dieser Röhre liegt geschützt das Rückenmark. Es besteht aus vielen Nervensträngen. Sie verbinden das Gehirn mit allen Teilen unseres Körpers.

1 Wirbelsäule: Wirbelkörper und Bandscheiben

Hals-wirbel
Wirbel von oben
Wirbel-knochen
Wirbel-kanal
Brust-wirbel
Band-scheibe
Rücken-mark
Nerv
Lenden-wirbel
Kreuzbein
Steißbein

MERKE

▶ Die Wirbelsäule ermöglicht den aufrechten Gang. Die doppelte S-Form federt Stöße und Erschütterungen ab.
▶ Die Wirbelsäule besteht aus Wirbelknochen und Bandscheiben.
▶ Die Wirbelsäule wird vom Rückenmark durchzogen.

---

2 Fragen zum Text

a) Welche beiden Eigenschaften muss die Wirbelsäule erfüllen?
b) Woraus bestehen die Wirbel und woraus die Bandscheiben.
c) Womit kann man die Wirkung der Bandscheiben vergleichen?
d) Erkläre, welchen Vorteil die S-förmige Krümmung der Wirbelsäule bringt.

Arbeiten mit Modellen

Modelle von Eisenbahnen oder Autos sollen möglichst so aussehen wie ihre großen Vorbilder, eben nur verkleinert.

In den Naturwissenschaften verwendet man auch Modelle. Auf das Aussehen kommt es dabei oft nicht so an. Sie sollen eher zeigen, **wie etwas funktioniert.** Man nennt sie daher **Funktionsmodelle.**

Wann verwendet man Modelle? Man verwendet Modelle immer dann, wenn man Kompliziertes möglichst einfach zeigen will. Für die Wirbelsäule gibt es zum Beispiel Modelle zur Beweglichkeit und solche zur Stabilität der Wirbelsäule.

Modelle können nicht alles zeigen. Mit einem Modell kann man oft nicht alle, sondern nur bestimmte Eigenschaften zeigen. Es kann also sein, dass man sich ein ganz neues Modell ausdenken muss, wenn man die gewünschte Eigenschaft mit dem ersten Modell nicht zeigen kann.

1 Modell zur Form der Wirbelsäule

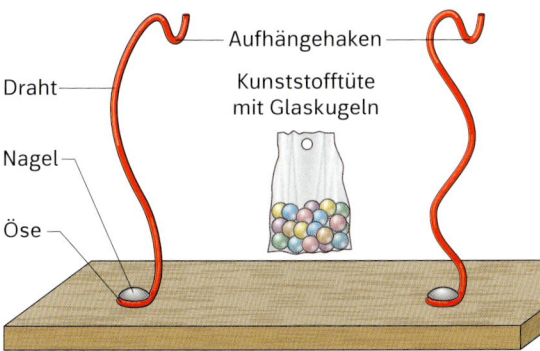

Verwendet das fertige Modell aus der Schule oder stellt euch ein eigenes Modell her.

Material: Holzbrett; Drahtstücke (z.B. Schweißdraht, je ca. 40 cm lang, ca. 2 mm Durchmesser); Glasmurmeln oder Schrauben; kleine Plastiktütchen, Nägel mit breitem Kopf; Zange; Hammer.

Durchführung: Befestigt zwei Drähte jeweils mit einem Nagel auf einem Holzbrettchen. Formt die Drähte etwa so wie oben abgebildet.

Aufgaben

a) Hängt an das obere Ende der Drähte ein Gewicht (kleines Plastiktütchen mit Murmeln oder Schrauben) und prüft, ob der Draht sich biegt.

b) Findet heraus, welcher Draht die höhere Belastung verträgt.

c) Vergleicht die Form der beiden Modelle mit der Form der Wirbelsäule sowie das unterschiedliche Material.

d) Was zeigt dieser Modellversuch?

2 Modell zur Beweglichkeit der Wirbelsäule

Material: Wellpappe; dünner Schaumstoff; Holzbrett

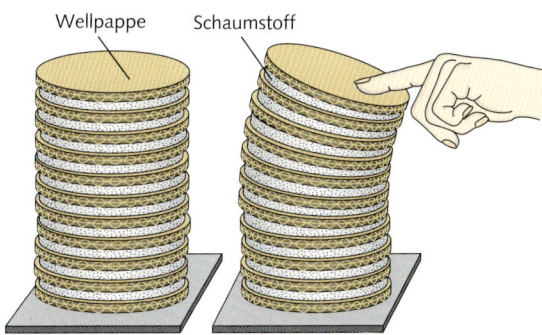

oder starke Pappe als Unterlage; Klebeband (doppelseitig klebend); Schere.

Durchführung: Schneidet aus Wellpappe und aus dem Schaumstoff 12 kreisrunde Scheiben mit einem Durchmesser von ca. 5 cm aus.

Verbindet die Scheiben mit doppelseitigem Klebeband. Befestigt sie dann auf einer Unterlage.

Aufgaben

a) Vergleicht zwischen Modell und Realität im Hinblick auf das Material.

b) Besprecht in der Gruppe, welche Teile den festen Wirbelkörpern und welche den elastischen Bandscheiben entsprechen.

c) Drückt mit dem Finger von oben auf das Modell. Krümmt es dann etwas zu den Seiten.

d) Was kann dieses Modell zeigen, was nicht?

Beweglichkeit durch Gelenke

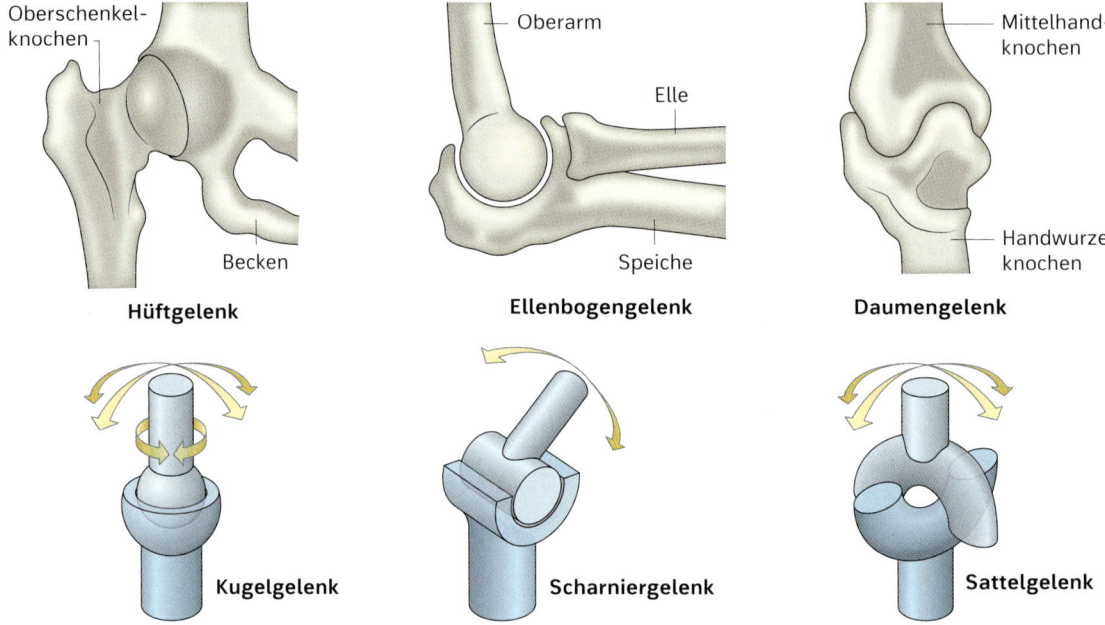

1 *Verschiedene Gelenke und Gelenktypen*

1 Keine Bewegung ohne Gelenke

Du sitzt an einem Tisch, dein rechter Arm hängt nach unten. Spiele nun nach, wie du mit der rechten Hand eine Tasse vom Tisch nimmst, um etwas daraus zu trinken.

Zähle auf, an welchen Stellen deines Armes Gelenke sein müssen, damit diese Bewegung möglich wird.

2 Das Kniegelenk

a) Bewege dein Bein am Kniegelenk. In welche Richtungen kannst du es dort bewegen?

b) Suche an deinem Körper ein Gelenk, das sich ebenfalls so bewegen lässt wie das Kniegelenk.

3 Einige Gelenktypen

a) Betrachte die Abbildung von einigen Gelenktypen beim Menschen (oben).
Beschreibe kurz, welche Bewegungen sie jeweils ermöglichen.

b) Erkläre, welcher dieser drei Gelenktypen die größte Beweglichkeit hat.

4 Gelenke in Technik und Haushalt

a) Betrachte die Gelenke bei den unten abgebildeten Gegenständen. Ordne diese Gelenke den Gelenktypen beim Menschen zu.

b) Suche weitere Beispiele für technische Gelenke.

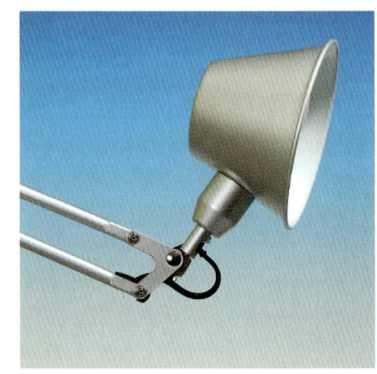

2 *Technische Gelenke aus dem Alltag*

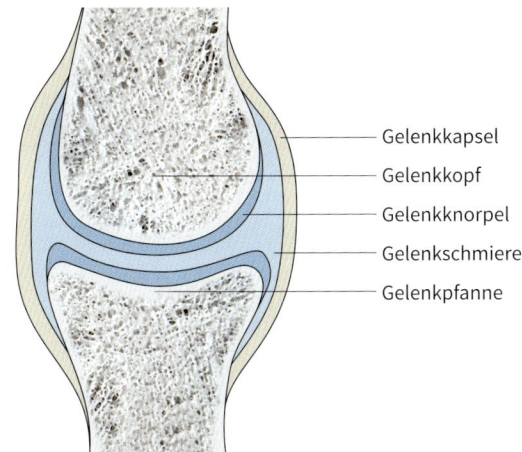

1 Grundbauplan eines Gelenks

Gelenkkapsel
Gelenkkopf
Gelenkknorpel
Gelenkschmiere
Gelenkpfanne

Gelenke verbinden Knochen beweglich miteinander. Es gibt verschiedene Gelenktypen. Sie haben aber einen ähnlichen Grundbauplan (Bild 1).

Aufbau eines Gelenks. Bei allen Gelenken passt das eine Ende des Knochens genau in die Vertiefung des anderen Knochens: Der **Gelenkkopf** passt genau in die **Gelenkpfanne.**
Zusammengehalten wird das Gelenk durch eine feste und elastische Gelenkkapsel sowie durch Bänder.
Ein gesundes Gelenk arbeitet so reibungslos, dass man nichts davon spürt. Kopf und Pfanne sind nämlich mit einem glatten und elastischen Gelenkknorpel überzogen. Dazwischen befindet sich die **Gelenkschmiere.** Sie sorgt für ein reibungsarmes Gleiten.

Kugelgelenk. Den Oberschenkel kannst du in fast alle Richtungen bewegen. Dafür ist das Hüftgelenk verantwortlich. Es ist besonders gut beweglich. Es ist ein typisches Kugelgelenk.
Es besitzt eine tiefe Gelenkpfanne, die den kugelförmigen Gelenkkopf sehr fest hält. Kein Wunder, es muss ja auch das ganze Gewicht des Oberkörpers tragen.

Scharniergelenk. Deinen Unterarm kannst du ganz gerade ausstrecken und wieder stark anwinkeln, also vor und zurück bewegen. Das Ellenbogengelenk erlaubt also Bewegung nur in eine Richtung, dafür aber über eine weite Wegstrecke.

Es arbeitet wie ein Türscharnier, daher bezeichnet man es auch als Scharniergelenk. Weitere Scharniergelenke findet man im Knie und in den Fingern.

Sattelgelenk. Das Gelenk am Daumen heißt Sattelgelenk. Dort sitzen die Gelenkteile wie ein Reiter auf einem Sattel. Der Daumen kann sich dadurch in zwei Richtungen bewegen: nach vorne und hinten sowie nach links und rechts. Auf diese Weise kann die Hand sehr genau aber auch kräftig zugreifen.

MERKE
▶ **Gelenke sind bewegliche Verbindungen zwischen den Knochen.**
▶ **Gelenke haben einen einheitlichen Grundaufbau.**

1 Fragen zum Text
a) Beschreibe den Grundbauplan eines Gelenks.
b) Wodurch wird ein Gelenk zusammengehalten?
c) Welche Aufgabe haben Gelenkknorpel und Gelenkschmiere in den Gelenken?
d) In welche Richtungen lässt sich ein Scharniergelenk bewegen?
e) Welcher Gelenktyp kommt beim Daumen vor?

2 Vielfältige Gelenke
a) In welche Richtungen kannst du deinen Oberarm bewegen? Zu welchem Gelenktyp gehört also das Schultergelenk?
b) Schulter- und Hüftgelenk gehören zum selben Gelenktyp. Begründe, weshalb das Hüftgelenk stabiler gebaut sein muss als das Schultergelenk.
c) Um welches Gelenk handelt es sich hier (Bild rechts)?

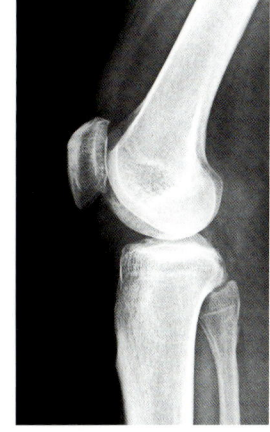

Muskeln: Stark durch Teamwork

1 Muskeln am Arm spüren

a) Nimm ein Gewicht oder ein Buch in die rechte Hand. Hebe den Unterarm so an, dass er parallel zum Boden ausgerichtet ist. Fühle dann mit der linken Hand am rechten Oberarm. Was spürst du?

b) Strecke nun die rechte Hand mit dem Gewicht nach unten aus. Fühle jetzt wieder, was du am rechten Oberarm spüren kannst.

2 Gegenspieler

a) Setze dich auf einen Stuhl und rutsche etwas nach vorne bis zur Stuhlkante. Bewege nun den Unterschenkel eines Beines nach vorne und wieder nach hinten. Ertaste am Oberschenkel, welche Muskeln für die Bewegung des Unterschenkels verantwortlich sind.

b) Beschreibe kurz, wie die Muskeln am Bein arbeiten, wenn der Unterschenkel bewegt werden soll.

3 Wir bauen ein einfaches Arm-Modell

a) Baue das Modell eines Armes nach wie in der **Abbildung rechts.**
Du brauchst dafür feste Pappe, eine Schere, zwei Gummibänder und eine Klammer. Die Gummibänder werden in die beiden Einschnitte der Pappe eingehängt.

b) Welche Teile deines Arms entsprechen den Gummibändern des Modells?

c) Welches Bauteil übernimmt die Aufgabe des Ellenbogengelenks?

d) Ziehe etwas am Gummiband 1. Was geschieht?

e) Was verändert sich wenn du nun am anderen Gummiband ziehst?

f) Überlege, was dieses Modell nicht zeigen kann.

4 Sport trainiert die Muskeln

Damit Muskeln und Gelenke gesund bleiben, müssen sie regelmäßig arbeiten.
Wer oft Sport treibt, trainiert seine Muskeln. Sie werden dann größer und kräftiger.
Luca hat längere Zeit einen Verband tragen müssen, weil er sich den Arm gebrochen hatte. Vermute, wie sich die Muskeln an seinem Arm verändert haben, wenn der Verband wieder abgenommen wird.

5 Muskelkater vermeiden

Wenn du dich beim Sport zu stark belastest oder ungewohnte Bewegungen machst, kannst du „Muskelkater" bekommen. Dann hast du unangenehme Muskelschmerzen von feinsten Verletzungen in den Muskeln.
Überlege, wie du dich verhalten solltest, damit Muskelkater gar nicht erst entsteht.

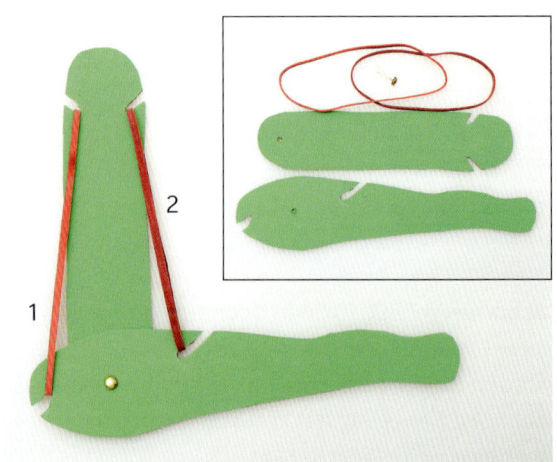

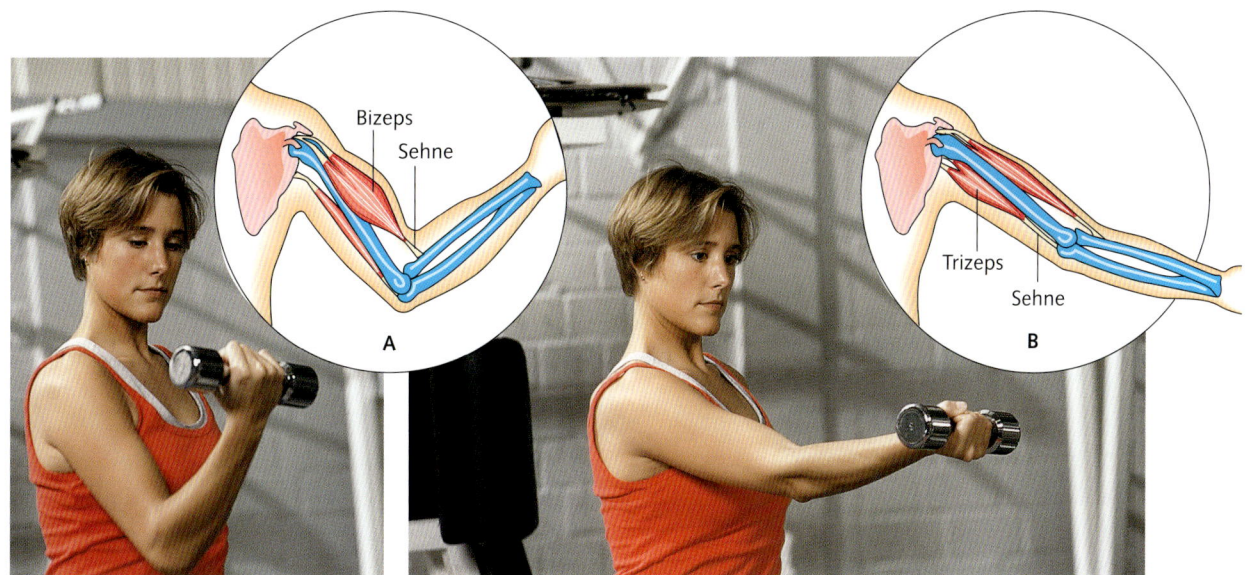

1 *Armbeuger (links) und Armstrecker (rechts) in Aktion*

Für jede Bewegung, die du machst, brauchst du Muskeln. Erst durch sie können sich die Knochen an den Gelenken bewegen.

Beugen. Wenn du in der Hand ein Gewicht hältst, kannst du deutlich einen Muskel spüren. Es ist der Muskel an der Vorderseite des Oberarms. Er wird dann etwas dicker und härter. Dieser Muskel heißt **Bizeps.** Es ist ein besonders kräftiger Muskel. Er ist über Sehnen am Schulterblatt und an einem Knochen des Unterarms befestigt (Speiche).

Da er beim Anspannen **kürzer** wird, zieht er den Unterarm nach oben in Richtung Schulterblatt. Er beugt also den Arm, deshalb sagt man auch **Beugemuskel** dazu. Der Muskel an der Rückseite des Oberarms, der Trizeps, wird dabei länger und dünner.

Strecken. Wenn du den Arm ausstreckst, kannst du den Muskel an der Rückseite des Oberarms spüren, den **Trizeps.** Auch dieser Muskel zieht sich beim Anspannen zusammen und wird **kürzer** und dadurch dicker und härter.

Da er mit dem Schulterblatt und der Elle des Unterarms verbunden ist, **streckt** er dadurch den Unterarm. Man sagt daher auch **Streckmuskel** zu ihm.

Beuger und Strecker sind Gegenspieler. Du hast jetzt sicher bemerkt, dass an der Bewegung beim Arm zwei Muskeln beteiligt sind: Beugemuskel und Streckmuskel wirken hier immer zusammen. Wenn der eine sich zusammenzieht, wird der andere gedehnt. Beide Muskeln sind **Gegenspieler.** Solche Gegenspieler gibt es an vielen Stellen im Körper.

Muskel, Sehne und Gelenk arbeiten zusammen. Die Muskeln sind an beiden Enden über sehr reißfesten Sehnen mit den Knochen verbunden. So können sie die Kraft auf die Knochen übertragen. Bei einer Bewegung arbeiten also immer Muskeln, Sehnen und Gelenke zusammen.

MERKE

▶ Bewegungen entstehen, wenn sich Muskeln zusammenziehen.
▶ Beuge- und Streckmuskel sind Gegenspieler.
▶ Bei einer Bewegung arbeiten Muskeln, Sehnen und Gelenke zusammen.

1 Fragen zum Text
a) Wie können Muskeln Bewegungen erzeugen?
b) Erkläre, wie Muskeln als Gegenspieler arbeiten.
c) Wie sind die Muskeln mit den Knochen verbunden?

Muskeln müssen bewegt werden

1 Bewegung ist wichtig

a) Berichte von Sportarten, die du betreibst.

b) Stelle Vermutungen an, weshalb Bewegung empfohlen wird.

2 Sport beansprucht Muskeln und Gelenke

a) Welche Sportarten sind links dargestellt?

b) Gib zu jeder Sportart die Muskeln an, die am stärksten beansprucht werden.

c) Zwei der vier Sportarten belasten die Gelenke stärker. Gib diese zwei Sportarten an und versuche dies zu begründen.

3 Einfaches Muskeltraining im Klassenzimmer

Mit diesen Übungen (Fotos unten) kannst du deine Muskeln trainieren:

A Verhake die Hände und ziehe fest auseinander.

B Presse die Handflächen gegeneinander.

C Drücke den Kopf gegen die Hände.

D Strecke den Rücken gegen den Widerstand.

Bewegung macht fit. Maschinen nutzen sich bei Gebrauch mit der Zeit ab. Nicht so unsere Muskeln. Sie brauchen die ständige Bewegung um leistungsfähig und gesund zu bleiben. Sie werden sogar kräftiger, wenn man sie belastet. Wir erhalten dadurch einen gesunden Körperbau und vermeiden Haltungsschäden.

Regelmäßiges Training stärkt außerdem zusätzlich Herz, Kreislauf und die Atmung. Egal, ob zu Hause, im Verein oder in der Schule: Bewegung hält uns fit.

Zu viel Sport belastet den Bewegungsapparat. Gelenke, Sehnen und Bänder kann man nicht trainieren. Vor allem die Gelenke sind bei starker und einseitiger sportlicher Betätigung mit zunehmendem Alter gefährdet. Dann eignen sich die Sportarten Schwimmen und Fahrradfahren, denn sie belasten die Gelenke nur wenig.

MERKE

▶ Muskeln werden durch Bewegung kräftiger.

▶ Sport macht Muskeln, Herz, Kreislauf und Atmung leistungsfähiger.

▶ Schwimmen oder Fahrradfahren schont die Gelenke.

4 Fragen zum Text

a) Erkläre, wie Muskeln leistungsfähiger werden.

b) Welche Bereiche des Körpers werden durch Sport ebenfalls noch gestärkt?

5 Gelenke werden unterschiedlich belastet

Begründe, weshalb Schwimmen und Fahrradfahren die Gelenke weniger belastet als Laufsport.

A Rückenmuskulatur   *B Brustmuskulatur*   *C Halsmuskulatur*   *D Rückenmuskulatur*

So vermeidest du Haltungsschäden

1 Richtige und falsche Haltung

a) Sitzt du auch oft so vor einem PC (Bild oben)? Weshalb ist das ungünstig?

b) Schaut die Abbildung 2 (unten) an. Sprecht in der Klasse darüber, welche Beispiele die richtigen und welche die falschen Haltungen zeigen.

Richtig sitzen. Wer lange mit stark gebogenem Rücken sitzt, belastet den Rücken einseitig. So bekommst du leicht Rückenschmerzen und langfristig vielleicht einen ungesunden Rundrücken.

Richtig tragen. Wer seine Schultasche seitlich trägt, belastet die Wirbelsäule einseitig. Mit der Zeit kann sich so ein dauerhafter Schaden ausbilden. Besser ist es, das Gewicht gleichmäßig auf die Wirbelsäule zu verteilen, etwa mit einem Rucksack.

Richtig heben. Willst du etwas Schweres hochheben, solltest du dazu in die Hocke gehen. Dann können die Muskeln besser wirken. Bei gebogenem Rücken werden die Bandscheiben der Wirbelsäule ungleichmäßig zusammengedrückt und damit sehr stark belastet.

Haltungsschäden kann man vorbeugen. Die Wirbelsäule wird von Muskeln gestützt. Vielseitige Bewegung und Sport kräftigen die Muskulatur und beugen damit Haltungsschäden vor. Im Jugendalter kann eine gezielte Gymnastik eine schlechte Körperhaltung wieder korrigieren.

MERKE
- ▶ Haltungsschäden entstehen meist durch falsches Sitzen, Tragen und Heben.
- ▶ Bewegung und eine richtige Körperhaltung vermeiden Haltungsschäden.

2 Fragen zum Text

a) Ergänze diesen Satz: Wer ständig mit stark gebogenem Rücken sitzt, bekommt leicht…

b) Wie hebt man schwere Dinge richtig?

c) Wie lassen sich Haltungsschäden vermeiden?

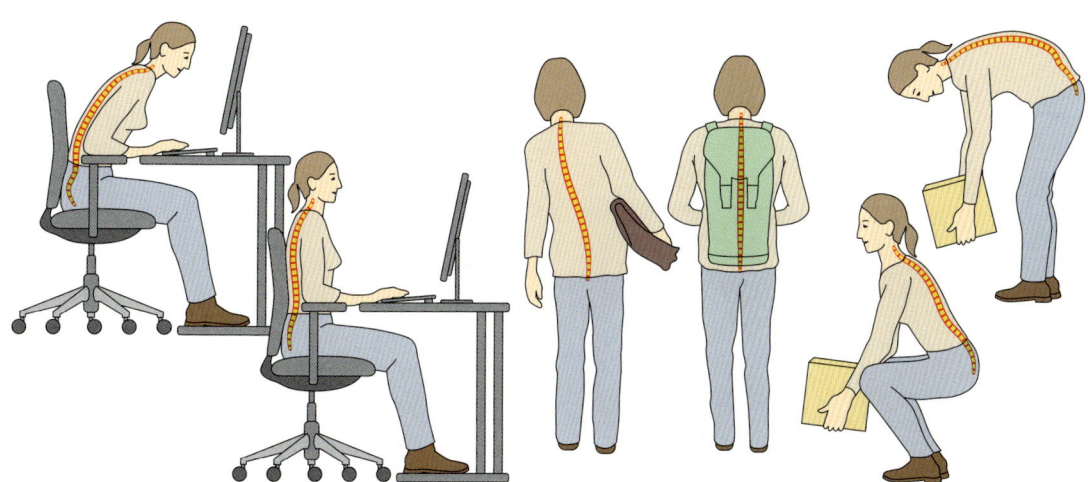

2 Sitzen, tragen und heben: Was ist richtig, was ist falsch?

Bewegte Pause in der Schule

Aktive Pause. Bewegung ist gut für einen gesunden Körper. Dies erfahrt ihr im Sportunterricht und in Sportvereinen. Aber nicht nur dort ist Bewegung angesagt. Denn Bewegung fördert auch das Lernen. So könnt ihr euch nach einer Pause mit Bewegung wieder besser konzentrieren. Durch die Spiele wird auch der Zusammenhalt in der Klasse gefördert.

Im Schulhof sind Tischtennisplatten und Basketballkörbe oft belagert. Aber es gibt noch viele andere Bewegungsmöglichkeiten. Die Beispiele in der Abbildung 1 zeigen dir Möglichkeiten für Pausenspiele, die dir sicher auch Spaß machen werden.

- Teilt den Schulhof in Ruhe- und Aktivzonen ein, damit sich jeder aussuchen kann, was er gerade machen möchte.
- Überlegt euch weitere Pausenspiele und probiert sie in den kommenden Wochen einmal aus.
- Sportarten wie Fußball oder Handball eignen sich meistens nicht als Spiele im Pausenhof.
- Entwerft Regeln für ein Tischfußballspiel.
- Strengt euch nicht zu sehr in der Pause an: Bewegung reicht aus, es soll kein Leistungssport werden.

Und bei Regen: die Pausenspielkiste. Auch bei schlechtem Wetter ist ein wenig Bewegung in den Pausen möglich:

- Stellt euch mit einfachen Mitteln eine Pausenspielkiste für das Klassenzimmer oder den Flur zusammen, zum Beispiel mit:
- Jonglierbällen, ganz leichten Tüchern zum Jonglieren, Spielsteinen für Tischfußball, Zeitungsrollen für Balancierspiele, Jo-Jo-Spielen usw.

▶ Das Skelett stützt und schützt den Körper.

▶ Knochen sind leicht und dennoch stabil.

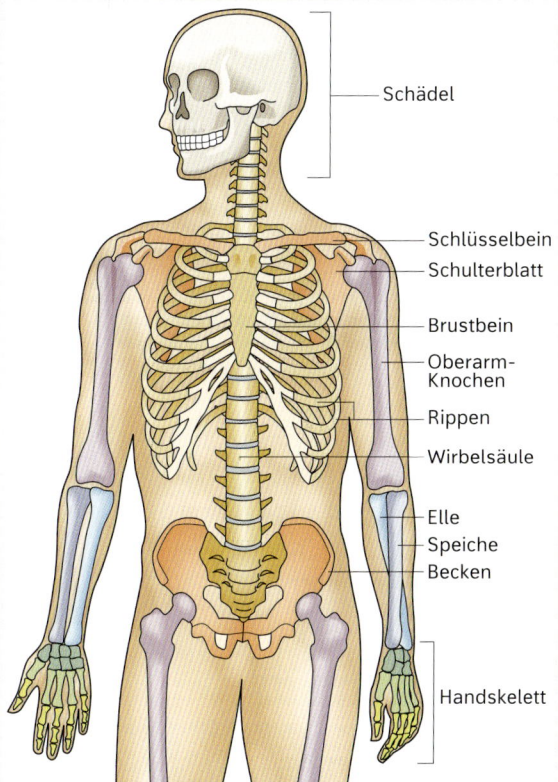

Schädel

Schlüsselbein

Schulterblatt

Brustbein

Oberarm-Knochen

Rippen

Wirbelsäule

Elle

Speiche

Becken

Handskelett

▶ Die bewegliche Wirbelsäule hält den Körper aufrecht. Sie besteht aus Wirbelknochen und elastischen Bandscheiben.

▶ Durch richtiges Tragen, Sitzen und Heben kann man Haltungsschäden vermeiden.

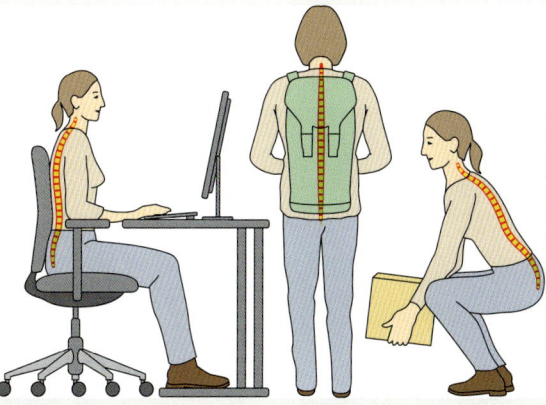

▶ Gelenke ermöglichen Bewegungen des Körpers.

▶ Gelenke haben einen einheitlichen Grundbauplan.

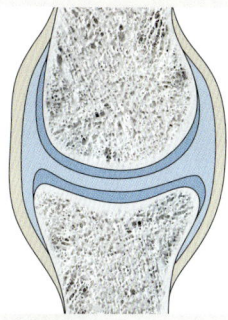

▶ Muskeln ziehen sich zusammen und werden gestreckt. So erzeugen sie die Kraft für die Bewegungen des Körpers.

▶ Beuger und Strecker sind dabei Gegenspieler.

▶ Bei Bewegungen wirken Knochen, Muskeln und Sehnen stets zusammen.

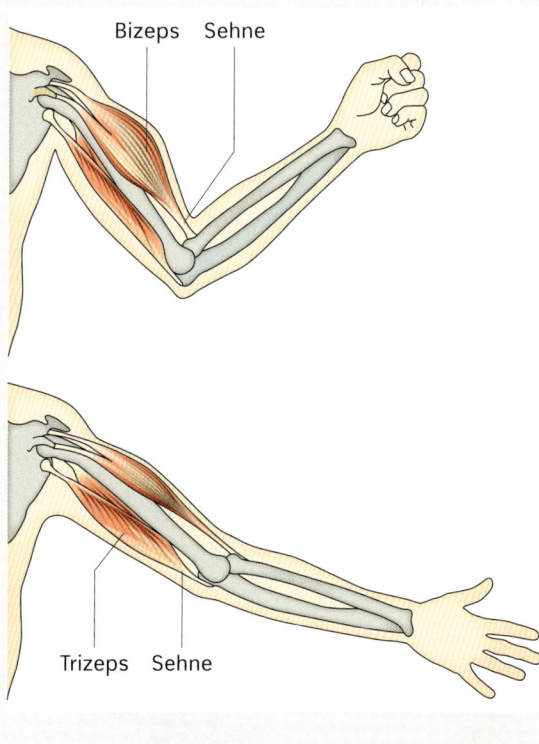

Bizeps   Sehne

Trizeps   Sehne

▶ Durch regelmäßige und vielseitige Bewegung wird unser Körper gesund erhalten.

▶ Gelenkschonende Sportarten sind zum Beispiel Schwimmen oder Radfahren.

1 Knochen stützen und schützen uns

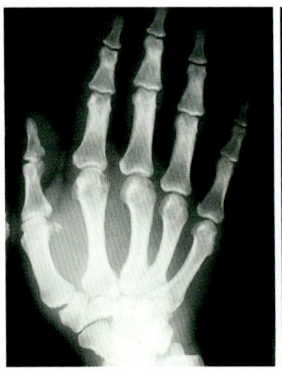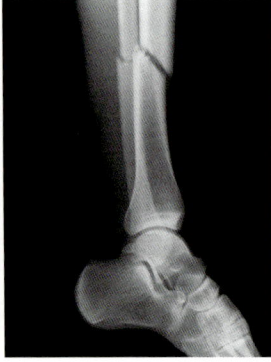

a) Was erkennst du auf den beiden Röntgenbildern?

b) Knochen stützen den Körper und sie schützen den Körper. Beschreibe je ein Beispiel für diese beiden Aufgaben der Knochen.

2 Das Schädelskelett

a) Nenne vier Sinnesorgane, die von unserem Schädelskelett geschützt werden.

b) Bei der Geburt sind die einzelnen Knochen des Schädels noch nicht miteinander verwachsen. Das geschieht erst im Erwachsenenalter vollständig. Was könnte der Grund hierfür sein?

3 Die Wirbelsäule – stabil und doch beweglich

a) Aus welchem Material bestehen die Bandscheiben, aus welchem die Wirbel?

b) Erkläre, weshalb es sehr sinnvoll ist, dass die Nervenleitungen vom Gehirn zum Körper innerhalb der Wirbelsäule verlaufen.

c) Wie sollte der Junge im Bild unten die Kiste anheben? Begründe deine Antwort.

4 Gelenke sorgen für Beweglichkeit

a) Nenne zwei wichtige Gelenkformen des menschlichen Körpers.

b) Gib für jede Gelenkform ein Beispiel aus dem menschlichen Skelett an.

c) Die Abbildung (oben) zeigt zwei Gelenke aus dem Alltag. Erkläre welche Gelenktypen des menschlichen Körpers jeweils auf diese Weise arbeiten.

5 Aufbau von Gelenken

a) Zeichne den Grundbauplan eines Gelenks in dein Heft und beschrifte die einzelnen Teile.

b) Beschreibe die Aufgaben der einzelnen Teile.

c) Jedes Gelenk ist von Bändern umgeben. Erkläre, welche Aufgaben sie haben.

6 Gelenke nutzen sich ab

Die Knorpelschichten bei Hüft- und Kniegelenken können sich im Laufe der Jahre vollständig abnutzen. Dann benötigt man ein künstliches Gelenk (Bild unten). Begründe, weshalb gerade Hüft- und Kniegelenke so stark beansprucht werden.

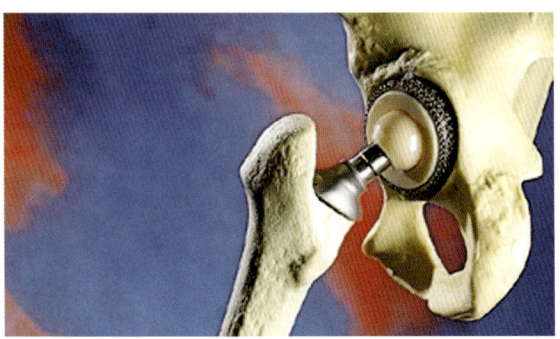

7 Muskeln

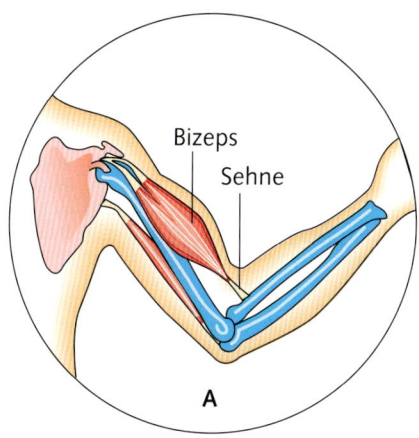

Bizeps
Sehne
A

a) Was ist die Aufgabe der Muskeln?
b) Wie sind Muskeln mit den Knochen verbunden?
c) Beschreibe, welche Muskeln bei der Bewegung des Unterarms aktiv sind.
d) Die Muskeln am Skelett haben immer einen Gegenspieler-Muskel. Begründe, warum dies notwendig ist.

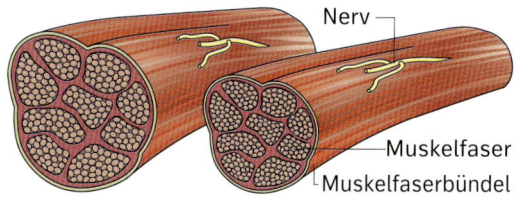

Nerv

Muskelfaser
Muskelfaserbündel

8 Muskeltraining

a) Ein Muskel ist aus vielen kleinen Muskelfasern aufgebaut. Das zeigt das Bild oben.
Wenn ein Muskel trainiert wird, wird er dicker. Beurteile, welcher der beiden Muskeln in der Abbildung trainiert und welcher untrainiert ist.
b) Erkläre, weshalb Fußball-Profispieler eine starke Muskulatur an der Vorderseite der Oberschenkel haben.
c) Lisa hatte sich den Arm gebrochen. Als später wieder der Verband entfernt worden ist, sah der eine Arm dünner aus als der andere. Wie kannst du das erklären?

9 Sport im Alltag

a) Jemand berichtet über eine sehr schmerzhafte Sportverletzung. Der Arzt musste das Schultergelenk wieder einrenken. Kannst du dir vorstellen, was für eine Verletzung er hatte?
b) Der Ski-Langlauf gilt als „gesündere" Sportart im Vergleich zum Ski-Abfahrtslauf. Erkläre dies.

10 Sport ist gesund – oder?

a) Ist Sport immer gesund? Findet in Partnerarbeit Gründe für oder gegen diese Aussage und notiert sie.
b) Vertretet eure Meinung bei einer Diskussion in der Klasse.

Wenn du Hilfe bei den Aufgaben brauchst, schau auf den folgenden Seiten nach:

Aufgabe	Hilfe auf...	Aufgabe	Hilfe auf ...
1	S. 89	6	S. 93
2	S. 89	7	S. 95
3 a, b	S. 90	8	S. 96
3 c	S. 90, 97	9 a	S. 93
4	S. 92, 93	9 b	S. 96
5	S. 93	10	S. 96

Lösungsvorschläge zu den Trainer-Aufgaben findest du im Anhang des Buches.

Meerwasser ist eine Lösung aus Wasser und Salzen

Das Meerwasser wird in flache Becken geleitet. In warmen Ländern sorgt die Sonne dafür, dass das Wasser verdunstet. Das Salz bleibt zurück. So gewinnt man Meersalz.

Materie, Stoffe und Technik

Chemie in der Küche

In der Küche geht man mit vielen verschiedenen Stoffen um, etwa mit Mehl, Eiern, Fett, Zucker und vielen anderen. Jeder einzelne Stoff hat spezielle Eigenschaften, deshalb wird er verwendet.

Dass Stoffe ganz typische Eigenschaften haben, ist ein wichtiges Thema in der Chemie. Deshalb ist jede Küche in Wirklichkeit auch ein kleines Chemielabor...

Nicht einfach wegwerfen!

Elektronische Geräte dürfen nicht in den Müll. Sie enthalten nämlich zahlreiche Wertstoffe, die man recyceln kann – aber auch schädliche Stoffe. Man kann sie meistens bei Wertstoffhöfen abgeben.

ENTDECKE...

- ▶ die Vielfalt der Stoffe und ihre Eigenschaften
- ▶ wie man einen Steckbrief erstellt
- ▶ wie man Stoffe voneinander unterscheidet
- ▶ feste, flüssige und gasförmige Stoffe
- ▶ die Verwendung von Stoffen im Alltag und in der Technik
- ▶ wie du Stoffgemische selbst trennen kannst
- ▶ wie in der Technik und bei der Müllverwertung Stoffe getrennt werden
- ▶ dass Müll ein wertvoller Rohstoff ist

Alles besteht aus Stoffen

1 Woraus bestehen diese Gegenstände?

Schaue die Gegenstände in deinem Mäppchen an. Gib an, aus welchem Material sie jeweils bestehen. Trage es in eine Tabelle in deinem Heft ein.

Gegenstand	Material
Buntstift	Holz
....	....

2 Was ist gleich, was ist verschieden?

Beantworte die Fragen für beide Bilder unten:
a) Was ist bei diesen Gegenständen jeweils gleich?
b) Worin unterscheiden sie sich?

Gegenstände bestehen aus Stoffen. Hast du schon mal nachgedacht, aus welchen Materialien die Gegenstände in deinem Federmäppchen bestehen? Das Lineal ist aus Metall oder Kunststoff, die Buntstifte bestehen vor allem aus Holz. Der Spitzer hat eine Klinge aus Metall. In der Chemie werden alle diese Materialien als **Stoffe** bezeichnet.
Auch Flüssigkeiten wie Wasser und Gase wie Luft bezeichnet man als Stoffe.

Form und Stoff. Trinkgefäße, Schüsseln und chemische Geräte sind häufig aus Glas. Diese Gegenstände bestehen also aus dem **gleichen Stoff**. Sie sind aber **unterschiedlich geformt**.
Kugeln haben alle die **gleiche Form**. Aber sie bestehen aus **unterschiedlichen Stoffen** wie etwa aus Holz, Metall, Glas oder Kunststoff. An der Form und am Stoff kann man also Gegenstände unterscheiden.

MERKE
▶ In der Chemie werden Materialien als Stoffe bezeichnet.
▶ Gegenstände bestehen aus Stoffen.

3 Fragen zum Text
a) Wie nennt der Chemiker die Materialien, aus denen Gegenstände bestehen?
b) Nenne einige Gegenstände aus Glas.
c) Woran kann man Gegenstände unterscheiden?

4 Gegenstand und Stoff
a) Welche Begriffe sind Stoffe, welche sind Gegenstände?
Glas, Wasser, Kerze, Wachs, Stuhl, Eisen, Topf.
b) Viele Gegenstände, bestehen aus mehreren Stoffen. Nenne möglichst viele Stoffe, die bei einer Flasche mit Limonade vorkommen.

Stoffe mit den Sinnen erkennen

1 Stoffe ertasten

In einer Fühlbox befinden sich verschiedene kleine Gegenstände. Versuche sie durch Tasten zu erkennen. Sage jeweils dazu, woran du sie erkannt hast.

2 Stoffe riechen

Mit verbundenen Augen sollst du verschiedene Stoffe durch Riechen erkennen. Hierzu werden dir Duftproben von Käse, Zitrone, Kaffeepulver und Essig zugefächelt.

3 Stoffe am Klang erkennen

Mitschüler klopfen mit einem Löffel gegen Glas, Metall, Kunststoff und Porzellan. Versuche den jeweiligen Stoff am Klang zu erkennen.

Die meisten Stoffe in unserer Umgebung erkennen wir mit unseren Sinnesorganen. Ob Obst noch frisch ist, erkennst du am Aussehen, am Geruch und an einer festen Oberfläche.

Stoffe im Alltag erkennen. Die Farbe und die Oberfläche von Gegenständen nehmen wir mit den **Augen** wahr. So kannst du leicht Glas von Holz unterscheiden oder Milch von Wasser.

Manche Stoffe erkennst du durch **Tasten**. So fühlen sich Holz und Kunststoffe wärmer an als Metall. Glas ist hart und glatt.

Manche Stoffe kann man auch am **Klang** erkennen. Schlägst du mit einem Löffel leicht an einen Becher aus Glas, hört es sich anders an als bei Kunststoff.

Am **Geschmack** erkennst du Stoffe wie Zucker oder Salz. Fruchtsäfte, Essig und Kaffeepulver kannst du am **Geruch** unterscheiden.

In der Chemie sind **Geschmacksproben** aber **verboten**. Manche Stoffe sind nämlich gesundheitsschädlich. Harmlose Stoffe könnten verunreinigt sein. Der **Geruch** von Stoffen wird nur durch vorsichtiges Zufächeln mit der Hand geprüft.

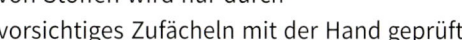

MERKE
► Viele Stoffe lassen sich mit unseren Sinnesorganen erkennen.
► Geschmacksproben sind in der Chemie verboten.

---

4 Fragen zum Text

a) Welche Eigenschaften von Stoffen erkennst du mit den Augen?
b) Wie unterschiedest du Essig von Wasser?
c) Warum darf man im Labor keine Stoffe probieren, um sie zu unterscheiden?

2 Ist das Obst noch frisch?

Fest, flüssig und gasförmig

1 Fest, flüssig oder gasförmig?

a) Schaue die Bilder (links) an. Wie unterscheiden sich die Stoffe im Gasballon und im Krug von der Kerze?

b) Gib weitere Beispiele für feste, flüssige und gasförmige Stoffe an.

1 Stoffe in unserer Umgebung unterscheiden sich

Feste, flüssige und gasförmige Stoffe. Die Stoffe um uns herum sind entweder fest, flüssig oder gasförmig. **Feste** Stoffe haben immer eine bestimmte Form, wie zum Beispiel eine Gabel aus Metall oder ein Becher aus Kunststoff.

Flüssige Stoffe wie Wasser nehmen immer die Form des Gefäßes an, in dem sie sich befinden.
Gasförmige Stoffe wie Luft oder wie Helium in Gasballons verteilen sich im ganzen Raum.
Fest, flüssig und gasförmig bezeichnet man als die **Aggregatzustände** der Stoffe.

Aggregatzustand		
fest	flüssig	gasförmig

ganz bestimmte Form	nimmt die Form des Gefäßes an	füllt den Raum völlig aus

Im Teilchenmodell		
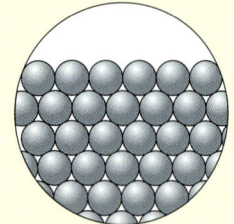	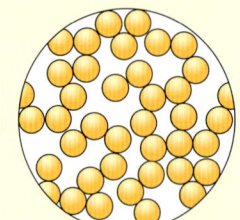	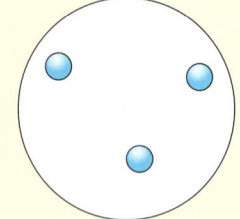
Teilchen • sind dicht gepackt • sind regelmäßig angeordnet • schwingen auf ihren Plätzen hin und her	**Teilchen** • können die Plätze tauschen • sind unregelmäßiger angeordnet, berühren sich aber noch • bewegen sich schneller	**Teilchen** • sind völlig ungeordnet im Raum verteilt • sind weit voneinander entfernt • bewegen sich sehr schnell

2 Aggregatzustände im Teilchenmodell

Die Aggregatzustände im Teilchenmodell. Du hast bereits das Teilchenmodell kennengelernt. Es sagt aus, dass alle Stoffe aus kleinen Teilchen bestehen. Sie sind so klein, dass wir sie nicht sehen können. Wir können sie uns nur vorstellen. Mit diesem Teilchenmodell können wir auch die Aggregatzustände der Stoffe beschreiben.

Fester Zustand. Im festen Zustand sind die Teilchen regelmäßig angeordnet und eng beieinander. Sie schwingen nur leicht hin und her, können aber ihren Platz nicht verlassen. Ein fester Stoff hat deshalb immer eine bestimmte Form, zum Beispiel ein Nagel aus Eisen oder eine Kerze aus Wachs.

Flüssiger Zustand. Im flüssigen Zustand sind die Teilchen immer noch nah beieinander, aber nicht mehr so regelmäßig angeordnet. Sie bewegen sich schneller, können sich gegeneinander verschieben und ihre Plätze tauschen. Flüssigkeiten wie Wasser oder Öl nehmen deshalb die Form des Gefäßes an, in dem sie sich befinden.

Gasförmiger Zustand. Im gasförmigen Zustand bewegen sich die Teilchen sehr schnell. Sie sind weit voneinander entfernt und völlig ungeordnet im Raum verteilt. Sie füllen einen Raum vollständig aus, haben also keine eigene Form. Luftteilchen verteilen sich im gesamten Raum, Heliumteilchen füllen Ballons komplett aus.

MERKE
▶ Bei Zimmertemperatur gibt es feste, flüssige und gasförmige Stoffe.
▶ Man nennt diese Formen Aggregatzustände.
▶ Die Aggregatzustände lassen sich mit dem Teilchenmodell beschreiben.

---

1 Fragen zum Text
a) Nenne zwei feste, zwei flüssige und zwei gasförmige Stoffe.
b) In welchem Zustand bewegen sich die Teilchen am stärksten?

1 Welcher Aggregatzustand wird hier dargestellt?

2 Die Aggregatzustände – gespielt

Stellt im Pausenhof mit der ganzen Klasse die Aggregatzustände im Teilchenmodell dar. Jeder Schüler soll ein Teilchen sein.
a) Welcher Aggregatzustand wird in Bild 1 dargestellt? Sammelt Gründe, diskutiert und entscheidet euch dann.
b) Macht Vorschläge, wie man die beiden anderen Aggregatzustände darstellen kann.
c) Führt eure Ideen auf dem Pausenhof vor.

3 Das Teilchenmodell hilft

Erkläre die folgenden Aussagen mit Hilfe des Teilchenmodells:
a) Warum lassen sich feste Stoffe schwer zerteilen?
b) Warum lassen sich dagegen Flüssigkeiten sehr leicht in Portionen aufteilen?
c) Weshalb lässt sich Luft leicht zusammendrücken, zum Beispiel mit einer Luftpumpe?

Stoffe mit Hilfsmitteln erkennen

1 Welche Stoffe sind magnetisch?

Material: Verschiedene Gegenstände wie Kunststoffteile, Zuckerwürfel, Kupferstücke, Eisennägel; Magnet.

Durchführung: Prüft mit dem Magnet, welche Stoffe magnetisch sind.

Aufgaben:

a) Notiert eure Beobachtungen.

b) Probiert aus, ob die Schultafel eures Klassenzimmers magnetisch ist. Welchen Vorteil hätte dies?

b) Überlegt, wo zu Hause Magneten eingebaut sind.

2 Was löst sich in Wasser?

Material: Vier Bechergläser; vier Glasstäbe; kleiner Löffel; Kochsalz; Zucker; Eisennagel; Speiseöl.

Durchführung: Füllt die Bechergläser etwa zur Hälfte mit Wasser. Gebt je einen halben Löffel Kochsalz, Zucker, etwa 1 cm hoch Speiseöl oder einen Eisennagel in je ein Reagenzglas. Rührt um.

Aufgaben:

a) Welche Stoffe lösen sich, welche nicht?

b) Fertige hierzu eine Tabelle an.

3 Welche Stoffe leiten den elektrischen Strom?

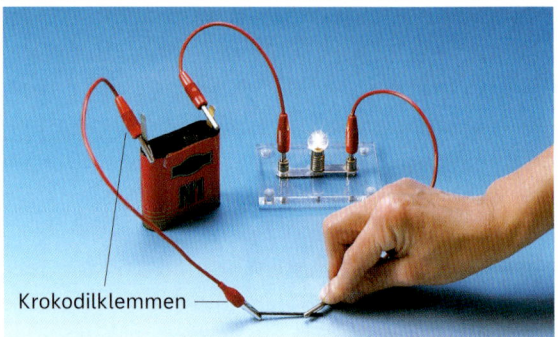

Krokodilklemmen

Material: Batterie (z. B. 4,5 V); passendes Lämpchen mit Fassung; Kabel und Krokodilklemmen; größerer Eisennagel; Kunststoffteile; Bleistiftmine; Aluminiumfolie; Schälchen mit Zucker; Kupferblech.

Durchführung: Baut den Stromkreis so ähnlich wie in der Abbildung auf. Berührt die einzelnen Stoffe mit den beiden Krokodilklemmen. Wenn das Lämpchen leuchtet, leitet der Stoff den elektrischen Strom.

Aufgaben: Notiert, welche Stoffe den elektrischen Strom leiten.

4 Wir erhitzen einige Stoffe

Material: Feuerfeste Unterlage; Schutzbrille; Brenner und Gasanzünder oder Kerze; Verbrennungslöffel; langer Eisennagel; kleine Stückchen Papier; Glasstab; Holzstäbchen; Kochsalz; Zucker.

Durchführung: Bringt die Stoffe nacheinander in die Flamme. Achtung, die Flamme ist sehr heiß!

Aufgaben:

a) Notiert eure Beobachtungen.

b) Fertigt eine Tabelle hierzu an.

1 Welches Pulver ist harmlos, welches ist das Reinigungsmittel?

Im Labor aber auch Zuhause kommt es immer wieder vor, dass Gefäße kein Etikett mehr haben. Mit unseren Sinnen alleine können wir ähnliche Stoffe aber nicht unterscheiden. Um sie sicher zu erkennen, muss man weitere Eigenschaften der Stoffe kennen.

Magnetische Eigenschaft. Es gibt nur wenige Stoffe, die magnetisch sind. Es sind die Metalle Eisen, Cobalt und Nickel. Alle anderen Stoffe werden von Magneten nicht angezogen.

Löslichkeit in Wasser. Gibt man Zucker in Wasser und rührt um, ist er bald nicht mehr zu sehen. Wasser ist ein gutes Lösungsmittel für viele Stoffe wie zum Beispiel Zucker, Kochsalz, Essig. Sogar Gase wie Luft und das Sprudelgas Kohlenstoffdioxid lösen sich etwas in Wasser. Viele andere Stoffe wie Speiseöl, Kunststoffe oder Eisen hingegen sind nicht wasserlöslich.

Elektrische Leitfähigkeit. Metalle leiten den elektrischen Strom. Vor allem Kupfer ist ein guter elektrischer Leiter. Dieses Metall wird in elektrischen Geräten und Elektrokabeln verwendet. Auch eine Bleistiftmine leitet den elektrischen Strom. Die meisten Kunststoffe leiten den Strom nicht, sie sind Nichtleiter. Das gleiche gilt für Salz, Zucker, Glas und Porzellan.

Verhalten beim Erhitzen. Ein Eisennagel brennt nicht in der Flamme des Gasbrenners. Auch Glas, Kochsalz und eine Bleistiftmine sind nicht brennbar. Sehr leicht entzündlich sind aber Brennstoffe wie Papier, Holz oder Benzin. Auch Kunststoffe sind meist brennbar.

MERKE
▶ Wichtige Eigenschaften von Stoffen sind die Löslichkeit in Wasser, die Magnetisierbarkeit, die elektrische Leitfähigkeit und das Verhalten beim Erhitzen.
▶ Durch ihre Eigenschaften kann man Stoffe erkennen.

1 Fragen zum Text
a) Welche Eigenschaften von Stoffen kann man mit Hilfsmitteln erkennen?
b) Beschreibe den Versuch zur elektrischen Leitfähigkeit.
c) Nenne einige elektrische Leiter und Nichtleiter.
d) Gib zwei Stoffe aus dem Haushalt an, die sich in Wasser lösen und zwei, die sich nicht lösen.
e) Welche Stoffe sind magnetisierbar?

2 Innen und außen
Sieh dir die elektrischen Kabel genauer an.
a) Warum verwendet man für das Innere der Kabel meist Kupfer?
b) Weshalb sind die Kabel von einer Kunststoffhülle umgeben?

3 Vorsicht brennbar!
a) An manchen Verpackungen findet man das nebenstehende Gefahrensymbol. Überlege, was es bedeuten könnte.
b) Kennst du einen Stoff aus dem Haushalt, der so ein Symbol trägt?

Steckbriefe von Stoffen

Steckbrief Eisen

Aussehen:	fest, glänzend
Geruch:	
Löslichkeit in Wasser:	
Magnetisierbarkeit:	
Elektrische Leitfähigkeit:	
Verhalten beim Erhitzen:	

1 Steckbrief von Eisen

Steckbrief Papier

Aussehen:	fest, meist weiß
Geruch:	geruchlos
Löslichkeit in Wasser:	nicht löslich
Magnetisierbarkeit:	nein
Elektrische Leitfähigkeit:	nein
Verhalten beim Erhitzen:	brennbar

2 Steckbrief von Papier

1 Die Eigenschaften von Eisen

Hast du bereits die Eigenschaften von Eisennägeln untersucht? Falls nicht, dann tue dies jetzt.
Notiere deine Ergebnisse. Erstelle daraus eine Liste wie in Bild 1 abgebildet. Man bezeichnet dies auch als einen Steckbrief.

Von den Eigenschaften zum Steckbrief. Deine Untersuchungen von Stoffen mit den Sinnen und mit Hilfsmitteln hat ergeben: Jeder Stoff besitzt ganz bestimmte Eigenschaften. Fasst man diese Eigenschaften eines Stoffes zusammen, so erhält man den Steckbrief. Jeder Stoff lässt sich so mit einem Steckbrief sicher beschreiben.

Vom Steckbrief zur Erkennung von Stoffen. Mit Steckbriefen lassen sich Stoffe erkennen. Wenn du die Eigenschaften eines Stoffes bestimmt hast, kannst du mit Hilfe von Steckbriefen herausfinden, um welchen Stoff es sich handelt.

MERKE
- ▶ Jeder Stoff hat bestimmte Eigenschaften.
- ▶ Zusammen ergeben sie seinen Steckbrief.
- ▶ Mit Hilfe des Steckbriefs kann man Stoffe erkennen.

---

2 Fragen zum Text

a) Erkläre, wie der Steckbrief eines Stoffes zustande kommt.
b) Welchen Vorteil haben Steckbriefe?

3 Viele Eigenschaften – aber welcher Stoff?

Die Abb. 3 zeigt die Eigenschaften eines Stoffes. Vergleicht sie mit euren Versuchen und findet heraus, um welchen Stoff es sich handelt.

4 Steckbrief von Kupfer

a) Schreibe die Eigenschaften von Kupfer zusammen, die du schon kennst.
b) Lies die fehlenden Eigenschaften nach und erstelle einen Steckbrief für Kupfer.

Steckbrief ?

Aussehen:	fest, weiß, kristallin
Geruch:	geruchlos
Löslichkeit in Wasser:	löslich
Magnetisierbarkeit:	nein
Elektrische Leitfähigkeit:	nein
Verhalten beim Erhitzen:	wird braun, schmilzt

3 Steckbrief von ?

Arbeiten mit Tabellen: Stoffe unterscheiden

Kochsalz?

Zucker?

Kalk?

Kochsalz?

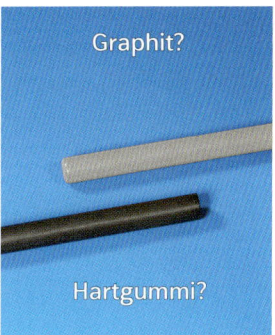

Graphit?

Hartgummi?

Zink?

Eisen?

Was ist was? Die Stoffpaare sind auf den ersten Blick nicht eindeutig unterscheidbar. Hier können Steckbriefe oder Tabellen mit Stoffeigenschaften helfen. Bildet für je ein Stoffpaar zwei Gruppen. Bestimmt einen Gruppensprecher und einen Protokollanten.

1 Arbeiten mit der Tabelle

a) Seht euch den Aufbau der Tabelle genau an.

b) Schreibt euer Stoffpaar auf und übertragt die Eigenschaften in euer Heft.

c) Markiert die Eigenschaften, in denen sich die beiden Stoffe unterscheiden.

d) Sucht mit Hilfe des Schülerbuchs einen möglichst einfachen Versuch zur Unterscheidung heraus und besprecht dies mit der Lehrkraft.

2 Versuchsplanung und -durchführung

a) Notiert in das Heft in Stichworten den Versuchsaufbau und die Versuchsdurchführung.

b) Führt die Versuche durch und protokolliert.

c) Vergleicht das Ergebnis mit der Parallelgruppe.

3 Versuchsergebnisse

Stellt die Versuchsergebnisse in der Klasse vor.

Gegenstände aus	Zustands- form	Farbe	leitet elektrisch	magnetisch	wasserlöslich	brennbar
Eisen	fest	grau	ja	ja	nein	ja
Aluminium	fest	silbern	ja	nein	nein	ja
Glas	fest	farblos	nein	nein	nein	nein
Gummi	fest	beliebig	nein	nein	nein	ja
Kerzenwachs	fest	weiß	nein	nein	nein	ja
Kochsalz	fest	weiß	nein	nein	ja	nein
Zucker	fest	weiß	nein	nein	ja	ja
Schwefel	fest	gelb	nein	nein	nein	ja
Graphit	fest	grau-schwarz	ja	nein	nein	nein
Zink	fest	weiß-grau	ja	nein	nein	nein
Kupfer	fest	rötlich	ja	nein	nein	nein
Magnesium	fest	silbern	ja	nein	nein	ja
Kalk	fest	weiß	nein	nein	nein	nein

▶ Alle Gegenstände bestehen aus Stoffen.

▶ Stoffe sind zum Beispiel: Zucker, Kochsalz, Eisen, Holz, Kunststoff, Wasser, Luft.

▶ Stoffe erkennt man an ihren Eigenschaften.

▶ Stoffe untersucht man mit den Sinnen und mit Hilfsmitteln:

Farbe, Form, Ober- fläche, Glanz	Geruch	Geschmack	Klang	Oberfläche
		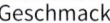		

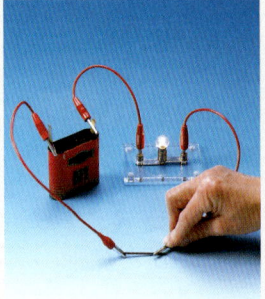

Elektrische Leitfähigkeit

Magnetisches Verhalten

Löslichkeit

Verhalten beim Erhitzen

▶ Alle Eigenschaften zusammen ergeben den Steckbrief eines Stoffes.

▶ Es gibt feste, flüssige und gasförmige Stoffe. Fest, flüssig und gasförmig nennt man Aggregatzustände.

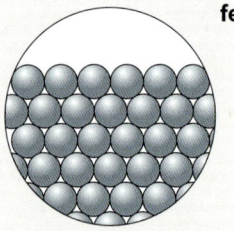
fest

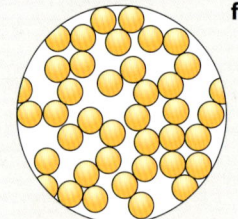
flüssig

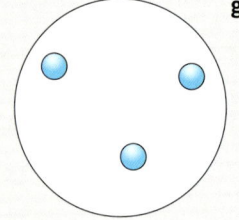
gasförmig

Teilchen
- sind dicht gepackt
- sind regelmäßig angeordnet
- schwingen auf den Plätzen hin und her

Teilchen
- können die Plätze tauschen
- sind unregelmäßiger angeordnet, berühren sich aber noch
- bewegen sich schneller

Teilchen
- sind völlig ungeordnet im Raum verteilt
- sind weit voneinander entfernt
- bewegen sich sehr schnell

1 Stoffe mit den Sinnen erkennen

a) Gib Stoffe aus dem Haushalt an, die man schon vom Aussehen her erkennen kann.

b) Wie kann man Salz von Zucker unterscheiden?

c) Welche Stoffe kann man am Klang voneinander unterscheiden?

d) Viele Schmuckstücke sind aus Metallen. Welche Eigenschaft von Metallen fällt dir dabei besonders auf?

2 Aggregatzustände

a) Nenne jeweils zwei feste, flüssige und gasförmige Stoffe aus dem Haushalt.

b) Wie stellt man sich mit dem Teilchenmodell die drei Aggregatzustände vor? Fertige hierzu drei einfache Skizzen an.

3 Stoffe mit Hilfsmitteln erkennen

a) Welches der folgenden Metalle ist magnetisch: Aluminium, Zink, Eisen, Kupfer?

b) Beschreibe einen Versuch, mit dem du die elektrische Leitfähigkeit eines Stoffes prüfen kannst.

c) Welches Metall wird in elektrischen Leitungen eingesetzt? Begründe dies.

d) Welche der folgenden Stoffe sind wasserlöslich: Kochsalz, Luft, Speiseöl, Essig, Kohlenstoffdioxid, Zucker?

4 Ähnliche Stoffe unterscheiden

Vor dir im Labor befinden sich drei Gefäße mit drei weißen, pulvrigen Feststoffen. Du weißt, es handelt sich um Zucker, Kalk und Salz. Aber die Gefäße sind nicht beschriftet.

a) Weshalb ist eine Geschmacksprobe verboten?

b) Wie kannst du vorgehen, um die drei Stoffe zu erkennen. Die folgende Tabelle hilft dir dabei.

Stoff	wasserlöslich	Verhalten beim Erhitzen
Kalk	nein	bleibt unverändert
Salz	ja	bleibt unverändert
Zucker	ja	wird braun, schmilzt

5 Steckbriefe von Stoffen

a) Wie kommt der Steckbrief eines Stoffes zustande?

b) Um welchen Stoff aus dem Haushalt handelt es sich bei folgendem Steckbrief?

Steckbrief

?

Aussehen:	fest, rotbraun glänzend
Geruch:	geruchlos
Löslichkeit in Wasser:	nicht löslich
Magnetisierbarkeit:	nein
Elektrische Leitfähigkeit:	ja
Verhalten beim Erhitzen:	nicht brennbar

6 Der Schein trügt

Leila untersucht einige der rotbraunen Cent-Münzen mit einem Magneten.
Sie stellt fest, dass die Münzen angezogen werden.
Was kannst du daraus schließen?

Wenn du Hilfe bei den Aufgaben brauchst, schau auf den folgenden Seiten nach:

Aufgabe	Hilfe auf...	Aufgabe	Hilfe auf ...
1	S. 105	4 a	S. 105
2 a	S. 106	4 b	S. 109, 111
2 b	S. 107	5	S. 110
3	S. 109	6	S. 109

Lösungsvorschläge zu den Trainer-Aufgaben findest du im Anhang des Buches.

Stoffe – rein oder gemischt?

A **B**

1 Brausepulver und Zucker

Zutaten:
Zucker
Weinsäure
Natron
Aromastoffe
Farbstoffe

2 Zutaten für Brausepulver

1 Zucker und Brausepulver unter der Lupe

a) Beschreibe die Nahaufnahmen der Stoffe Brausepulver (A) und Zucker (B) .

b) Wie viele verschiedene Stoffe sind im Brausepulver mindestens enthalten?

c) Was vermutest du, wie viele verschiedene Stoffe sind in der Zuckerprobe enthalten?

Reinstoff und Stoffgemisch. Die kleinen Zuckerkörnchen sehen unter der Lupe alle sehr ähnlich aus. Zucker ist einheitlich aufgebaut. Er besteht aus einem einzigen Stoff. Stoffe, die nur aus einem Bestandteil bestehen, nennt man **Reinstoffe.**
Brausepulver dagegen zeigt unter der Lupe unterschiedlich aussehende Körnchen. Es ist ein **Stoffgemisch.** Es besteht vor allem aus Zucker, Weinsäure und Natron. Das bestätigt auch die Zutatenliste.

Stoffgemische. Fast alle Lebensmittel sind Stoffgemische, wie zum Beispiel Müsli, Brot oder Nudeln. Auch Flüssigkeiten wie Mineralwasser, Säfte oder Tee sind Stoffgemische.

In der Natur findet man fast nur Stoffgemische. So besteht Erde vor allem aus Steinen, Sand, Ton, Salzen und Wasser. Luft ist ein Gemisch aus Sauerstoff, Stickstoff, Kohlenstoffdioxid und weiteren Gasen.

Reinstoffe. Reinstoffe unserer Umgebung sind neben Zucker zum Beispiel Kochsalz, destilliertes Wasser, reiner Alkohol oder Metalle wie Eisen und Aluminium. Die Eigenschaften eines Reinstoffes wie Farbe, Geruch, elektrische Leitfähigkeit oder die Löslichkeit in Wasser sind immer gleich. Da man an solchen Eigenschaften einen Reinstoff gut erkennen kann, spricht man auch von **Kenneigenschaften.**

3 Die meisten Lebensmittel sind Stoffgemische

4 Reinstoffe Aluminium und Kupfer (als Elektroleitung)

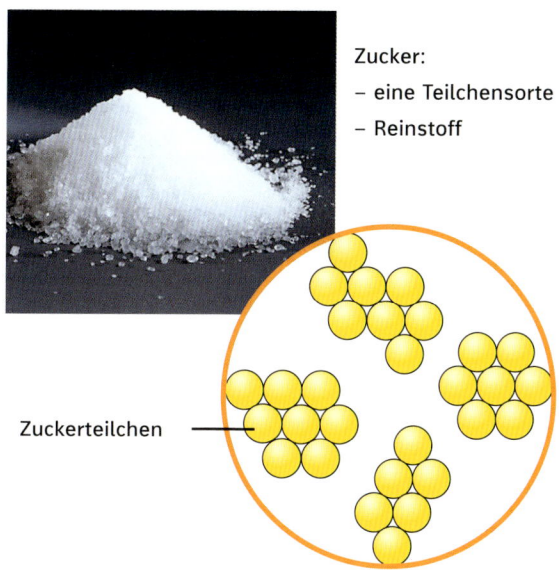
Zucker:
– eine Teilchensorte
– Reinstoff

Zuckerteilchen

Brausepulver:
– mehrere Teilchensorten
– Stoffgemisch

Zuckerteilchen

Natronteilchen

Weinsäureteilchen

1 *Reinstoff Zucker und Stoffgemisch Brausepulver*

Reinstoffe und Gemische – im Teilchenmodell. Alle Reinstoffe bestehen aus kleinen Teilchen, die untereinander gleich sind. Sie bestehen also aus **einer einzigen Teilchensorte.** Beispiele: Zucker, Salz. Stoffgemische sind aus mindestens zwei Reinstoffen zusammengesetzt. Sie bestehen daher aus mehreren verschiedenen Teilchensorten. Beispiele: Brausepulver, Luft.

MERKE
▶ Es gibt Reinstoffe und Stoffgemische.
▶ Stoffgemische sind aus verschiedenen Reinstoffen zusammengesetzt.
▶ Reinstoffe bestehen nur aus einer Teilchensorte.
▶ Stoffgemische bestehen aus mindestens zwei Teilchensorten.

---

1 Fragen zum Text
a) Woran kann man erkennen, dass Brausepulver ein Stoffgemisch ist?
b) Woran kann man erkennen, dass Zucker ein Reinstoff ist?
c) Nenne drei Stoffgemische und drei Reinstoffe aus deiner Umgebung.

2 Leitungswasser – Reinstoff oder Gemisch?
Beurteile, ob es sich bei Leitungswasser um einen Reinstoff oder um ein Stoffgemisch handelt. Lies dazu die beiden folgenden Beobachtungen:
• Wenn du ein Glas mit frischem Leitungswasser stehenlässt, siehst du bald an der Innenseite des Glases kleine Luftblasen im Wasser.
• Wenn du eine flache Schale mit Leitungswasser auf die Heizung stellst, verdunstet das Wasser und es bleibt ein heller Belag zurück.

3 Teilchenmodell – Gemisch oder Reinstoff?
a) Zeigt die Abbildung unten einen Reinstoff oder ein Stoffgemisch? Begründe deine Aussage.
b) Erstelle eine Skizze für ein gasförmiges Stoffgemisch aus drei verschiedenen Stoffen.

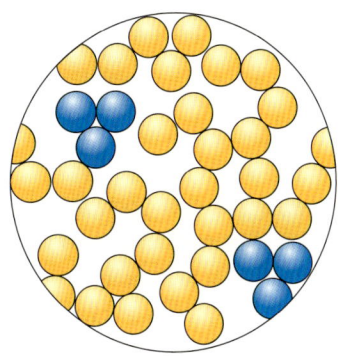

Stoffgemische in unserer Umgebung

1 Stoffgemische im Haushalt: Kräutersalz, Orangensaft, Zuckerlösung, Milch

1 Stoffgemische überall im Haushalt

a) Beschreibe die Stoffgemische in Bild 1.

b) Aus welchen Bestandteilen ist ein Müsli zusammengesetzt?

2 Kein reines Wasser!

a) Das Wasser in einer Regenpfütze sieht oft recht klar aus. Sobald du aber hineinsteigst, wird die Pfütze trüb. Was ist passiert?

b) Beschreibe, wie sich die Pfütze verändert, wenn das Wasser danach einige Zeit nicht bewegt wird.

Gemenge. Müsli enthält feste Bestandteile wie Rosinen oder Haferflocken. Solche Stoffgemische aus festen Bestandteilen nennt man auch **Gemenge**. Auch Hausmüll ist solch ein Gemenge, genauso wie Gartenerde, Kräutersalz oder Vogelfutter.

Suspension. Wenn du in eine Pfütze getreten bist, ist das Wasser nicht mehr klar. Im Wasser schweben dann viele kleine Teilchen Erde. Solche Gemische, die neben einer Flüssigkeit noch feste Bestandteile enthalten, nennt man **Suspensionen**. Auch ein Sand-Wasser-Gemisch oder Orangensaft mit festen Fruchtfleischteilchen sind Suspensionen.

Lösung. Löst man Salz, Zucker oder klaren Apfelsaft in Wasser, dann entsteht eine klare **Lösung.** Sie sieht wie ein einheitlicher Stoff aus.
Meerwasser enthält gelöstes Salz. Man sieht es, wenn man nach dem Schwimmen am Strand die Haut trocknen lässt. Auch Aromastoffe bei der Teezubereitung oder Gase wie Kohlenstoffdioxid lösen sich in Wasser.

3 Klares Meerwasser

a) Meerwasser sieht oft klar aus. Trotzdem enthält das Meerwasser noch einen Stoff. Welchen wohl?

b) Beschreibe, auf welche Weise man diesen Stoff bemerken kann.

4 Ein launisches Stoffgemisch

a) Gib einen Esslöffel Salatöl in ein Glas Wasser. Rühre kräftig um. Beschreibe, was du beobachtest.

b) Lass das Gemisch stehen. Beschreibe, was du nun siehst.

Emulsion. Gibt man etwas Speiseöl in Wasser und rührt um, wird die Mischung milchig-trüb. Das Öl schwebt in Form kleiner Tröpfchen im Wasser. Man nennt dies eine **Emulsion**. Nach kurzer Zeit sammeln sich die Öltröpfchen aber wieder oben, die Emulsion entmischt sich wieder. Milch ist dagegen eine stabile Emulsion. Sie enthält kleine Fetttröpfchen in Wasser.

MERKE
▶ **Die meisten Stoffe in unserer Umgebung liegen als Stoffgemische vor.**
▶ **Wichtig sind folgende Gemische: Gemenge, Suspension, Lösung und Emulsion.**

5 Fragen zum Text

a) Wie heißt ein Gemisch aus festen Bestandteilen?

b) Nenne ein Beispiel für eine Suspension.

c) Gib je ein Beispiel für eine Lösung von Wasser mit einem festen und einem gasförmigen Stoff an.

d) Weshalb kann man Milch als Emulsion bezeichnen?

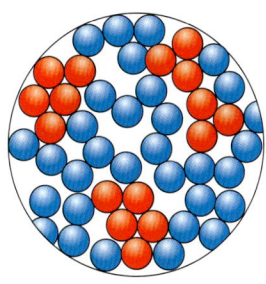
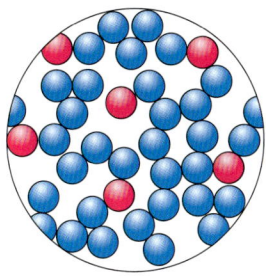

1 Unterschiedliche Gemische

a) Die beiden Abbildungen zeigen eine Lösung von Salz in Wasser und eine Suspension von Sand in Wasser. Ordne die Abbildungen zu und begründe dies.

b) Wie unterscheiden sich die beiden Gemische?

c) Erstelle eine einfache Skizze im Teilchenmodell für das Stoffgemisch Milch.

Gemenge
fest und fest
Müsli: verschiedene feste Stoffe

Lösung
fest in flüssig
Meerwasser: Wasser mit gelöstem Salz; weitere Lösungen: **flüssig in flüssig, gasförmig in flüssig**

Suspension
fest in flüssig
Pfütze: Erde in Wasser

Emulsion
flüssig in flüssig
Öltröpfchen in Wasser

2 *Verschiedene Stoffgemische*

Stoffgemische kann man trennen

1 Filtrieren

a) Stelle ein Gemisch aus Wasser, Salz und etwas Sand her. Rühre um.

b) Was kannst du beobachten, wenn du dieses Gemisch eine Zeit lang stehen lässt?

c) Filtriere nun das Wasser-Salz-Sand-Gemisch.

d) Was bleibt im Filter?

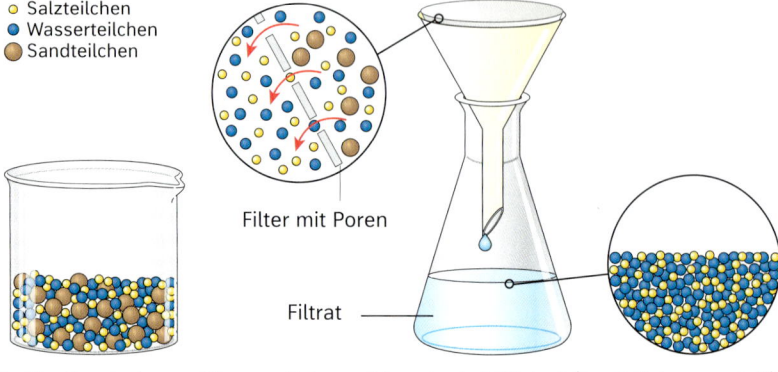

1 *Ein Gemisch aus Wasser, Salz und Sand wird filtriert (im Teilchenmodell)*

2 Eindampfen

a) Löse in einer Schale oder einem Becherglas einen Teelöffel Salz in Wasser (oder nimm das Filtrat aus Aufgabe 1).

b) Erhitze das Becherglas auf einer Heizplatte (oder stelle es an einen warmen Platz). Achtung, die heiße Salzlösung kann spritzen!

c) Wie verändert sich die Lösung mit der Zeit?

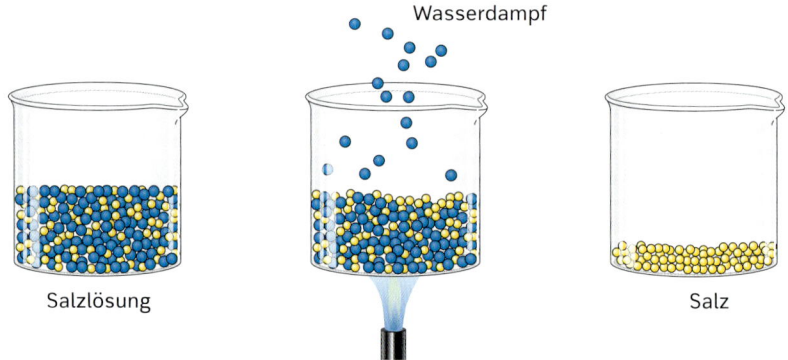

2 *Eindampfen einer Salzlösung (im Teilchenmodell)*

Filtrieren. Wenn man eine Suspension aus Sand und Wasser einige Zeit stehenlässt, setzen sich die groben Sandkörner bald ab. Will man aber wieder völlig klares Wasser erhalten, so hilft nur **Filtrieren**. Filterpapiere enthalten sehr feine Poren. Sie lassen nur die sehr kleinen Salz- und Wasserteilchen hindurch.

Eindampfen von Lösungen. Lösungen wie Kochsalz in Wasser kann man nicht durch Filtrieren trennen. Alle Teilchen würden durch die Poren des Filterpapiers gehen. Man kann die Salzlösung aber so lange erhitzen, bis das Wasser vollständig verdampft ist. Dann bleibt das Salz zurück. Dieses Trennverfahren nennt man **Eindampfen**.

MERKE
▸ **Suspensionen kann man durch Filtrieren trennen.**
▸ **Durch Eindampfen kann man gelöste Stoffe wiedergewinnen.**

3 Fragen zum Text

a) Mit welcher Methode kann man Suspensionen trennen?

b) Was erhält man, wenn man eine Salzlösung eindampft?

4 Trennung im Teilchenmodell

Beschreibe das Eindampfen einer Salzlösung mit Hilfe des Teilchenmodells.

Trennverfahren in Alltag und Technik

1 Trennung: Holzspäne und Kies

a) Trenne ein Gemisch aus Holzspänen und Kies. Beschreibe, wie du vorgehst.

b) Welche Eigenschaften der beiden Stoffe sind hierbei wichtig?

2 Trennung durch Wasser

a) Vermische Sand mit kleinen Eisenteilchen. Gib das Gemenge in einen Standzylinder mit Wasser. Verschließe und schüttle kräftig. Was kannst du anschließend beobachten?

b) Welche unterschiedlichen Eigenschaften von Eisen und Sand machen die Trennung möglich?

Windsichten: „Die Spreu von Weizen trennen".
Um Getreidekörner von den übrigen Bestandteilen der Ähren zu trennen, wirft man das Gemenge mit flachen Schalen in den Wind. Die Getreidekörner sind schwerer als die anderen Teile der Ähren. Sie werden daher vom Wind kaum fortgetragen und sammeln sich am Boden. Die leichteren Teile trägt der Wind weiter fort. Man nennt dies **Windsichten**.
Dieses Verfahren wird auch bei der Mülltrennung eingesetzt. Leichte Stoffe wie Papier werden durch Windsichten vom übrigen Müll abgetrennt. Der „Wind" wird dabei mit Maschinen erzeugt.

Goldwaschen – eine Freizeitbeschäftigung. In manchen Flüssen gibt es tatsächlich winzige Goldteilchen. Beim **Goldwaschen** gibt man den Flussschlamm in flache Schüsseln und spült mit viel Wasser nach.

Da Gold schwerer ist als Sand, setzen sich die Goldteilchen unten in der Schüssel ab. Sand und Schlamm werden wieder hinausgespült. Goldwaschen ist in unseren Flüssen nur ein Freizeitvergnügen, denn bei uns findet man nur sehr wenig Gold.

MERKE

▶ Windsichten und Goldwaschen sind einfache Trennverfahren.
▶ Bei beiden Verfahren trennt man leichte von schweren Bestandteilen.

3 Fragen zum Text

a) Auf welche Stoffeigenschaft kommt es beim Windsichten an?

b) Welche Eigenschaft von Gold nutzt man beim Goldwaschen aus?

4 Trennverfahren in unserem Alltag

a) Was trennt man im Haushalt mit einem Sieb?

b) Beschreibe, was für eine Aufgabe das Filterpapier in einer Kaffeemaschine hat.

5 Trennverfahren in der Technik

Autos mit Dieselmotoren erzeugen feine Rußteilchen in den Abgasen. Diese Rußteilchen sind gesundheitsschädlich. Deshalb haben solche Autos Rußfilter. Welche Teilchen bleiben im Filter hängen, welche gehen hindurch?

1 Der Wind trägt die leichten Teile weiter weg

2 Schwere Goldteilchen bleiben in der Schüssel

Müll – ein wertvolles Stoffgemisch

1 *Wohin mit dem Müll?*

1 Müllsortierung zu Hause

a) Welche verschiedenen Mülltonnen gibt es in eurer Gemeinde?

b) Überlegt euch zu zweit: Weshalb ist es sinnvoll, Müll in verschiedenen Tonnen zu sammeln?

Wertstoffe. Viele Bestandteile des Mülls haben noch einen Wert. Um diese Wertstoffe später weiterverarbeiten zu können, werden sie in verschiedene Behälter sortiert:

Glas kommt in Glascontainer, Papier in Papiertonnen. Küchen- und Gartenabfälle gehören in die Biotonne oder auf den Komposthaufen im Garten. Durch Kompostierung entsteht wertvolle Gartenerde.

Wertstoffe wie Alufolie, Getränkedosen und Kunststoffverpackungen werden in der gelben Tonne, dem gelben Sack oder auf Wertstoffhöfen gesammelt.

Metalle, Holz, Elektrogeräte, Bauschutt und Styropor kann man direkt zum Wertstoffhof bringen.

Sondermüll. Farbreste, Lösungsmittel, Medikamente, Lampen und Batterien gehören in die Sammelbehälter der Händler oder zum Wertstoffhof.

Restmüll. Zum Restmüll gehören Abfälle wie Babywindeln, Papiertaschentücher oder Staubsaugerbeutel. Der Restmüll wird verbrannt.

MERKE

▶ Viele Bestandteile des Mülls sind Wertstoffe, die wieder verwendbar sind.

▶ Der Müll muss hierzu in die verschiedenen Behälter sortiert werden.

2 Fragen zum Text

a) Nenne fünf Beispiele für Wertstoffe.

b) Weshalb sollten Küchen- und Gartenabfälle in die Biotonne oder auf den Komposthaufen?

c) Gib an, auf welche Weise Medikamente, Batterien und Farbreste entsorgt werden sollten.

3 Mehrwegverpackungen

Viele Getränkeflaschen sind Mehrwegflaschen. Man erkennt sie an bestimmten Symbolen. Diese Flaschen werden gesäubert und wieder neu befüllt. Überlegt in Partnerarbeit, welche Vor- und Nachteile Mehrwegflaschen haben.

So trennt man Wertstoffe aus dem Müll

1 Wie lässt sich das trennen?

3 Immer noch nötig – Trennung von Hand

1 Wertstoffe trennen

a) Trenne ein Gemisch aus Metall- und Kunststoffteilen, zum Beispiel Verschlüsse von Flaschen.
b) Überlege, wie man im Müll große und kleine Stoffe voneinander trennen kann.
c) Erkläre, warum der Wertstoff-Müll aus dem gelben Sack noch weiter getrennt werden muss.

Der gesammelte Wertstoff-Müll wird in eine Mülltrennungsanlage gebracht. Dort wird der Müll so getrennt, dass er weiterverarbeitet werden kann.

Trennverfahren. In großen **Sieben** kann man kleine Müllteile von größeren Teilen abtrennen. Auf Fließbändern werden sie dann weitergeleitet.
Eisen wird von starken **Magneten** angezogen und so vom übrigen Müll abgetrennt.

Leichte Stoffe wie Papier, Pappe und Folien aus Kunststoff werden durch starke Gebläse, die **Windsichter**, vom Förderband in Behälter geblasen.

Bei der **Schwimm-Sink-Trennung** nutzt man das unterschiedliche Schwimmverhalten von Stoffen aus. Damit kann man zum Beispiel Papier, Holz und Kunststoffe von Metallen trennen.
Was Maschinen nicht leisten können, muss **von Hand** ausgelesen werden. Es werden hauptsächlich Textilien und größere Gegenstände aussortiert.

MERKE
▶ Wertstoffe werden getrennt.
▶ Beispiele für Trennverfahren sind: Auslesen, Sieben, magnetisches Trennen, Windsichten und Schwimm-Sink-Trennung.

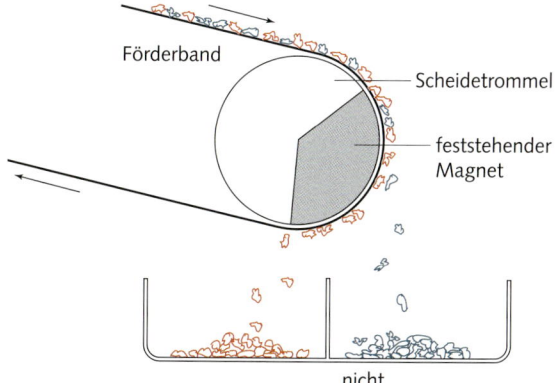

2 Abtrennung von Eisen mit der Magnettrommel

(Bildbeschriftung:) Förderband · Scheidetrommel · feststehender Magnet · magnetisierbare Stoffe · nicht magnetisierbare Stoffe

2 Fragen zum Text
a) Mit welcher Methode trennt man verschieden große Müllteile voneinander?
b) Wie trennt man leichte Stoffe wie Folien aus Kunststoff ab?

3 Perfekte Technik
a) Beschreibe, was in Abbildung 2 abgebildet ist.
b) Man kann auch Papier vom anderen Wertstoff-Müll abtrennen. Weshalb ist es aber viel besser, das Papier in einen speziellen Sammelcontainer für Papier zu werfen?

Wertstoffe wiederverwerten

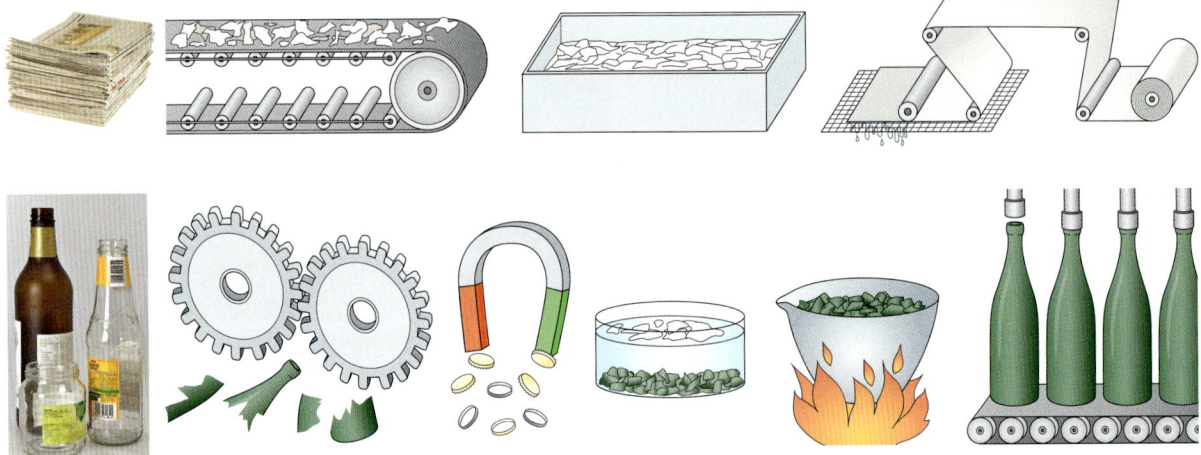

1 *Recycling von Papier und Glas*

1 „Blauer Engel" auf dem Papier

Papier, das vollständig aus Altpapier hergestellt ist, trägt als Symbol den „blauen Engel". Siehe bei deinen Heften nach, ob du so ein Zeichen entdecken kannst.

2 Wohin mit dem alten Handy?

a) Elektrische Geräte wie Handys tragen seit 2005 das Symbol der durchgestrichenen Tonne. Was könnte dies bedeuten?
b) Vermute, warum man das Symbol für Handys verwendet.

Aus gebrauchten Wertstoffen werden neue Gegenstände hergestellt. So eine Wiederverwendung nennt man **Recycling**. Durch das Recycling fällt weniger Müll an; man benötigt weniger Rohstoffe und weniger Energie.

Recycling von Glas. Altglas wird recycelt. Zunächst wird es nach Farben getrennt. Dann wird es zerkleinert. Verschlüsse und Deckel werden abgetrennt. Anschließend wird das Glas geschmolzen. Aus der Schmelze lassen sich neue Gläser herstellen.

Recycling von Papier. Papier und Pappe werden zerkleinert und mit viel Wasser zu einem Brei gerührt. Dann werden Fremdstoffe und die Druckfarben herausgelöst. Der Brei wird getrocknet und zu neuem Papier ausgewalzt.

Je mehr Recyclingpapier verwendet wird, umso weniger frisches Holz muss für die Papierherstellung in den Wäldern geschlagen werden.

Recycling von Elektronikschrott. Handys und andere elektronische Geräte dürfen in Deutschland nicht mehr einfach in die Mülltonne. Sie müssen entweder zum Händler zurück oder zum Wertstoffhof.

Sie enthalten nämlich wertvolle Metalle, wie Gold oder Silber, aber auch schädliche Stoffe. Daher müssen sich fachkundige Firmen um das Recycling kümmern. Damit wird vermieden, dass Mensch und Umwelt geschädigt werden.

3 *Handys enthalten wertvolle Metalle*

Recycling von Kunststoffen. Kunststoffe können zu neuen Gegenständen verarbeitet werden – aber nur bei guter Qualität des Materials. Sie werden geschmolzen und in eine neue Form gebracht. Aus gebrauchten Kunststoffflaschen lässt sich ein Gewebe herstellen, das man zu Fleece-Kleidung verarbeiten kann.

MERKE

▶ Wenn aus gebrauchten Stoffen neue Gegenstände hergestellt werden können, nennt man das Recycling.

▶ Durch Recycling werden Rohstoffe, Energie und Restmüll eingespart.

---

1 Fragen zum Text
a) Was bedeutet das Wort Recycling?
b) Welche Stoffe werden wiederverwertet?
c) Weshalb werden Elektrogeräte gesondert entsorgt?

2 Vergleich Recyclingpapier – neues Papier
Begründe mit Hilfe der Grafik, dass es die Umwelt schont, wenn du Recyclingpapier verwendest.

1 kg benötigt	Recyclingpapier	neues Papier
Holz	0 kg	etwa 2 kg
Wasser	10-20 Liter	30-100 Liter
Energie	1-3 kWh	3-6 kWh

EXTRA

Müllvermeidung

Müll gefährdet die Umwelt. Jeder Einwohner in Deutschland verursacht im Durchschnitt etwa 600 kg Müll pro Jahr. Weniger als die Hälfte davon wird recycelt oder kompostiert. Der Rest wird verbrannt oder auf einem Müllplatz abgelagert. Es bleiben aber immer Stoffe übrig, die unsere Umwelt gefährden. Auch Müll, der nicht sachgemäß entsorgt wird, schädigt die Umwelt. Achtlos oder bewusst weggeworfene Plastiktüten oder sogar Autoreifen gefährden den Boden, die Gewässer und die Tierwelt.

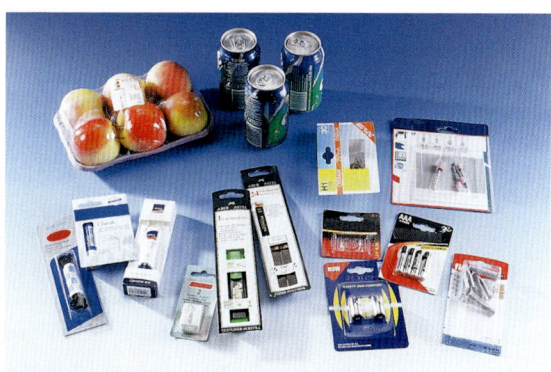

2 Viele Verpackungen sind unnötig

So wenig Müll wie möglich. Am besten ist es daher, so wenig Müll wie möglich zu verursachen. Mit etwas Köpfchen kann jeder dazu beitragen. Diese einfachen Tipps helfen dabei:

Müllvermeidung: Tipps für weniger Abfall!

- Mehrwegflaschen statt Einwegflaschen
- Familienpackungen statt Kleinpackungen
- Nachfüllen statt Neukaufen
- Einkaufsbeutel statt Plastiktüte

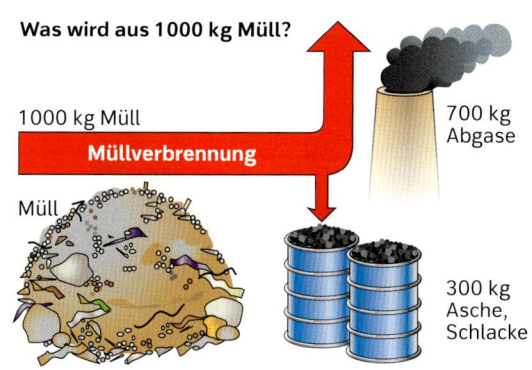

Was wird aus 1000 kg Müll?

1000 kg Müll
Müllverbrennung
Müll

700 kg Abgase

300 kg Asche, Schlacke

1 Der meiste Restmüll bei uns wird verbrannt

▶ Es gibt Reinstoffe und Stoffgemische. Die meisten Stoffe sind Stoffgemische.

▶ **Reinstoffe: eine Teilchensorte**
Beispiele: Zucker, Metalle, Kochsalz

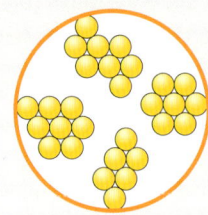

▶ **Gemische: mehrere Teilchensorten**
Beispiele: Brausepulver, Milch, Müsli, Luft

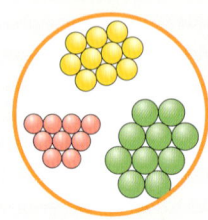

▶ **Je nach Zusammensetzung gibt es verschiedene Stoffgemische, zum Beispiel**

Gemenge (fest / fest)   Suspension (fest / flüssig)   Lösung (fest / flüssig)   Emulsion (flüssig / flüssig)

▶ **Stoffgemische lassen sich trennen durch:**

Filtrieren   Eindampfen   Windsichten   Magnet-Scheiden

▶ **Müll ist ein Stoffgemisch aus vielen Stoffen. Er enthält Wertstoffe wie Kunststoffe, Metalle, Glas und Papier.**

▶ **Recycling heißt, aus gebrauchten Stoffen neue Gegenstände herzustellen.**

▶ **Müll wird durch verschiedene Methoden voneinander getrennt: Sieben, Auslesen, Windsichten, Magnetismus, Schwimm-Sink-Verfahren**

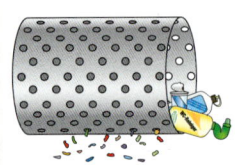

Trommelsieb   Windsichten   Magnet-Scheiden

1 Reinstoffe und Gemische

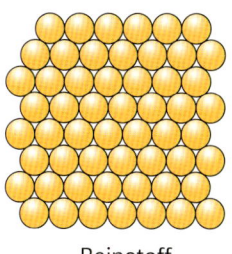 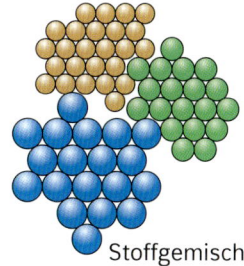

Reinstoff   Stoffgemisch

a) Erkläre den Unterschied zwischen Reinstoff und Stoffgemisch. Schaue dazu das Bild oben an.

b) Gib je zwei Beispiele von Reinstoffen und Gemischen an.

2 Vielfältige Gemische

a) Nenne ein Beispiel für eine Suspension und zwei für Lösungen.

b) Um welche Art von Gemisch handelt es sich bei diesen Beispielen? Zucker und Wasser, Salz und Zucker, Öl und Wasser, Sand und Wasser.

3 Trennung von Gemischen

a) Mit welcher Methode kann man ein Sand-Wasser-Gemisch trennen?

b) Wie lässt sich Salz aus einer Lösung gewinnen?

c) Wie kannst du ein Gemisch aus Wasser, kleinen Eisenkugeln, Holzspänen und Kies in seine Bestandteile trennen?

4 Trennverfahren im Alltag

Kaffeepulver

Filterpapier

Filter

Erkläre mit Hilfe der Abbildung, wie ein Kaffeefilter wirkt.

5 Technische Trennverfahren

Zur Salzgewinnung wird in heißen Ländern Meerwasser in flache Becken geleitet. Durch welchen Vorgang wird anschließend das Wasser vom Salz abgetrennt?

6 Mülltrennung

a) Was sind Wertstoffe?

b) Welche Stoffe werden durch Windsichten vom Müll abgetrennt?

c) Beschreibe die Trennung von Müll durch das Schwimm-Sink-Verfahren.

7 Recycling

a) Was versteht man unter Recycling?

b) Beschreibe das Recycling von Glas.

8 Pfand auf Pappbecher?

Getränke in Bechern aus Pappe – heute ein alltägliches Bild. Diskutiert in der Gruppe, ob für diese Becher ein Pfand eingeführt werden sollte.

Wenn du Hilfe bei den Aufgaben brauchst, schau auf den folgenden Seiten nach:

Aufgabe	Hilfe auf...	Aufgabe	Hilfe auf ...
1	S. 114	6 a	S. 120
2	S. 116	6 b, c	S. 121
3	S. 118	7	S. 122
4	S. 118	8	S. 122, 123
5	S. 118	---	---

Lösungsvorschläge zu den Trainer-Aufgaben findest du im Anhang des Buches.

TRAINER: Lösungsvorschläge

Zu Seite 25

1 Der Globus – ein Modell der Erde

a) Der Globus zeigt uns die Kugelform der Erde, die Verteilung von Landmassen und Meeren. Große Flüsse sind eingezeichnet. Die meisten Länder sind mit ihren Hauptstädten zu sehen.

b) Beim Globus steht die Erdachse schräg, weil das auch in Wirklichkeit bei der echten Erde so ist.

c) Da sich alles um uns herum mitdreht, merken wir nichts von dieser Bewegung.

d) Wenn man den Globus von einer Seite beleuchtet, erkennt man die Schattengrenze. Bei den Ländern, die gerade im Schatten liegen, ist dann Nacht. Dreht man den Globus, kommen diese Länder ins Licht. Jetzt ist dort Tag. Dreht man den Globus weiter, kommen diese Länder wieder in den Schatten. Dann ist es wieder Nacht.

2 Jahreszeiten

a) Bei uns auf der Erde gibt es Jahreszeiten, weil die Erdachse nicht senkrecht zur Umlaufbahn um die Sonne steht. Sie ist leicht geneigt. Deshalb erhält die Erde einige Zeit im Jahr mehr Licht und Wärme von der Sonne; dann ist es Sommer. Wenn die Erde weniger Licht und Wärme bekommt, ist es kühler, dann ist Winter.

b) Am 21. Juni ist die Nordhalbkugel eher zur Sonne geneigt.

c) Wenn bei uns Sommer ist, ist auf der Südhalbkugel Winter, zum Beispiel in Australien.

3 Sonne und Energie

a) Sonnenkollektoren auf Hausdächern nehmen die Strahlung der Sonne auf. Rohre in den Kollektoren sind mit einer Flüssigkeit gefüllt. Diese Flüssigkeit erwärmt sich stark. Mit der heißen Flüssigkeit kann man die Heizkörper im Haus betreiben oder Wasser für die Dusche erwärmen.
Auch über große Fenster, die nach Süden ausgerichtet sind, kann man die Wärme der Sonne nutzen.

b) Eine Solarzelle erzeugt aus der Energie der Sonne elektrischen Strom. Der Elektromotor wandelt den elektrischen Strom in Bewegung um.

c) Beide Anlagen nutzen die Energie der Sonne und machen sie für den Menschen nutzbar. Ein Sonnenkollektor wandelt die Sonnenenergie in Wärme um (für warmes Wasser oder die Heizung). Eine Solarzelle erzeugt elektrischen Strom.

d) Wenn wir Energie aus Sonne oder Windkraft verwenden, müssen weniger Erdöl, Erdgas und Kohle verbrannt werden. So entstehen weniger Abgase und die Vorräte dieser Brennstoffe reichen länger.

4 Die Lichtmühle

Die Lichtmühle ist ein gutes Beispiel, wie Lichtenergie direkt in Bewegung umgewandelt wird.

5 Aufbau und Funktion der Haut

a) Oberhaut, Lederhaut und Unterhaut sind die drei Schichten der Haut.

b) Die Haut nimmt Kälte und Wärme wahr, leichte und starke Berührungen sowie Schmerzen bei Verletzungen der Haut.

c) Die Sinneskörperchen sind in der Lederhaut.

d) Der Schweiß auf der Haut verdunstet und kühlt so den Körper.

6 Hautschutz

a) Wer zu lange in der Sonne bleibt, kann einen schmerzhaften Sonnenbrand bekommen. Wer im Laufe seines Lebens oft einen Sonnenbrand bekommt, erhöht das Risiko für Hautkrebs.

b) Personen mit Hauttyp 1 können 5 bis 10 Minuten ohne Schutz in der Sonne bleiben, beim Hauttyp 3 sind es etwa 20 bis 30 Minuten.

c) Wer zum Hauttyp 2 gehört, kann ohne Schutz 10 bis 20 Minuten in der Sonne bleiben. Wenn man Sonnencreme mit dem Lichtschutzfaktor 20 aufträgt, kann man etwa zwanzigmal so lange in der Sonne bleiben, also etwa 200 bis 400 Minuten. (Sicherheitshalber sollte man sich nach der untere Grenze richten. Es muss dabei ausreichend Creme auf alle Körperstellen aufgetragen werden, die an der Sonne sind. Durch Schwitzen geht oft Creme verloren, das heißt, man muss auch nachcremen.)

Zu Seite 48 und 49

1 Thermometer

a) Die Temperatur wird bei uns in der Einheit Grad Celsius gemessen, abgekürzt: °C.

b) Thermometer links: 23 °C; Thermometer rechts oben: 62,5 °C; Thermometer rechts unten: 22,5 °C.

c) Thermometer links: Flüssigkeitsthermometer, Zimmerthermometer für Innenräume.
Thermometer rechts oben: Zur Messung von Fleischtemperaturen beim Kochen und Braten; rundes Bimetallthermometer.

Thermometer rechts unten: Elektronisches Digital-Thermometer mit Temperaturfühler; die Temperatur wird direkt als Zahl angezeigt.

d) Bei einem Flüssigkeitsthermometer befindet sich eine Flüssigkeit in einem Glasröhrchen. Wird es wärmer, dehnt sich die Flüssigkeit im Glasröhrchen aus. Dadurch steigt der Flüssigkeitsfaden. Wird es kühler, zieht sich die Flüssigkeit wieder etwas zusammen. Dann sinkt der Flüssigkeitsfaden wieder nach unten.

2 Temperaturen sind wichtig ...

a) ... beim Backen: Kuchen und Brote müssen bei bestimmten Temperaturen gebacken werden, damit sie gelingen. Wenn die Temperatur zu niedrig ist, geht das Brot oder der Kuchen nicht richtig auf. Ist die Temperatur zu hoch, verbrennt es und wird ungenießbar.

b) ... beim Bügeln: Ist das Bügeleisen zu kühl, gehen die Falten schlecht weg. Ist es zu heiß, kann der Stoff beschädigt werden.

c) ... beim Einfrieren: Tiefkühlgeräte sind auf minus 18 °Celsius eingestellt. Ist die Temperatur nicht so tief, ist die Haltbarkeit kürzer als auf den Packungen aufgedruckt.

d) ... beim Wäschewaschen: Ist die Temperatur zu niedrig, wird die Wäsche nicht so sauber wie bei einer höheren Temperatur. Ist die Temperatur zu hoch, kann es sein, dass das Kleidungsstück kleiner wird oder dass der Stoff beschädigt wird.

3 Temperaturdiagramm

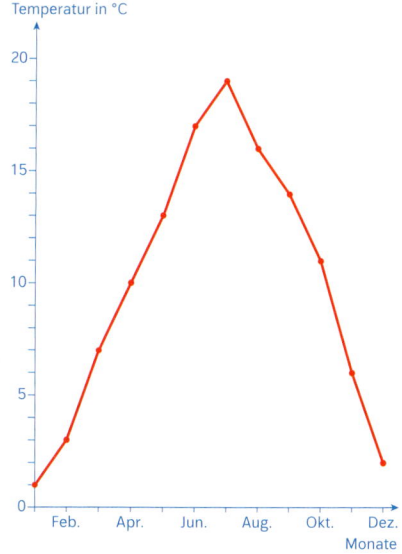

4 Wie empfinden wir Temperaturen?

a) Alle Gegenstände im Zimmer haben ungefähr die gleiche Temperatur.

b) Die Tischbeine fühlen sich kühler an, weil das Metall die Wärme der Hand rasch weiterleitet.

c) Die Tischoberfläche aus Holz wird sich warm anfühlen, auch wenn sie die gleiche Temperatur hat wie die Tischbeine aus Metall. Grund: Holz ist ein schlechter Wärmeleiter. Die Wärme der Hand wird daher nur sehr schlecht weitergeleitet. Wir empfinden dies als „warm".

5 Der heiße Teelöffel

a) Der Löffel hat einen Teil der Wärme des heißen Wassers aufgenommen. Metalle leiten Wärme besonders gut weiter, deshalb ist er so heiß.

b) Das Teegetränk hat sich ein wenig abgekühlt, weil es etwas von der Wärme an den zuvor kühleren Löffel abgegeben hat.

c) Ein Löffel aus einem Material, das Wärme schlecht leitet, würde nicht heiß werden, etwa ein Löffel aus Glas, Holz oder Kunststoff.

6 Die Flasche schrumpft ...

a) Durch das heiße Wasser hat sich die Luft in der Flasche erwärmt. Sie hat sich deshalb stark ausgedehnt. Anschließend kühlt sich die Luft wieder ab. Sie zieht sich deshalb wieder zusammen. Da die Flasche verschlossen ist, kann keine Luft von außen nachströmen. Weil das Kunststoffmaterial der Flasche so dünn und weich ist, führt die schrumpfende Luft dazu, dass die Flasche zusammengequetscht wird. (Es ist so ähnlich, als wenn du aus einer solchen Flasche die Luft aussaugst.)

b) Die kalte Luft in der Flasche hätte sich erwärmt und dadurch die Flasche stark aufgebläht. (Im Extremfall kann die Flasche dann aufreißen oder platzen oder aber die Luft entweicht durch den nicht ganz dichten Verschluss.)

7 Wärme und Wärmeleitung im Alltag

a) Brücken werden beweglich auf Rollen gelagert, damit sie beim Ausdehnen (im Sommer) und Zusammenziehen (im Winter) nicht beschädigt werden.

b) Ein Luftballon in der Sonne wird größer, weil sich die eingeschlossene Luft ausdehnt.

c) Gute Wärmeleiter sind vor allem Metalle wie Silber, Gold, Kupfer, Eisen, Aluminium...
Schlechte Wärmeleiter sind Materialien wie Glas, Porzellan, Kunststoffe, Holz, Luft...

d) Die Daunenjacke enthält zwischen den Federn viel mehr isolierende Luft als Baumwolle.

8 Eine wirksame Hülle

a) Der Schaumstoff isoliert und verhindert so die Wärmeabstrahlung der Heizungsrohre.

b) Schaumstoff enthält viele Luftbläschen, die isolierend wirken.

c) Ja, da Styropor ein Schaumstoff mit viel Luft ist. Somit wird sowohl die Wärmeaufnahme als auch die Wärmeabgabe verhindert.

9 Wärmestrahlung

a) Sie gelangt als Wärmestrahlung durch das Weltall zu uns.

b) Wärmeleitung und Wärmeströmung sind an feste oder gasförmige Stoffe gebunden. Beides ist zwischen Sonne und Erde nicht vorhanden.

10 Heizung im Badezimmer

a) Es ist die Wärmestrahlung durch die Luft.

b) Wärmelampen für neugeborene Tiere im Stall; Heizkörper an Wänden, Grill, Herdplatte …

11 Rätsel: Wie kommt das Ei in die Flasche?

Die Flasche wird mit sehr heißem Wasser gefüllt und nach einiger Zeit wieder ausgeleert. Das Glas ist jetzt heiß. Die Luft in der Flasche erwärmt sich deshalb und dehnt sich aus. Dann verschließt man den Flaschenhals mit einem gekochten Ei. Kühlt die Luft in der Flasche ab, zieht sie sich wieder zusammen. Dadurch wird das Ei in die Flasche gesaugt.

Zu Seite 67

1 Licht breitet sich aus

a) Beispiele: Sonne, Blitz, Glühlampe, Kerze.

b) Das Licht breitet sich geradlinig in alle Richtungen aus.

c) Die Größe des Schattens verändert sich, wenn der Abstand zwischen Gegenstand und Lichtquelle oder zwischen Gegenstand und Wand verändert wird.

d) Es ist ein sehr langer Schatten eines Menschen. Die Sonne muss also sehr tief gestanden haben (sehr früh oder sehr spät am Tag).

2 Wann sehen wir Licht?

a) Wir sehen Licht erst, wenn es in unser Auge gelangt. Dies kann direkt durch die Lichtquelle geschehen oder das Licht wird von einem Gegenstand in unser Auge umgelenkt.

b) Wir sehen Licht nur, wenn es in unser Auge fällt. Ein Lichtstrahl von der Seite ist für uns normalerweise nicht sichtbar. Daher kann man den Laserstrahl nicht so einfach zur Lichtquelle zurückverfolgen. (Nur bei sehr feuchter oder staubiger Luft kann man Licht sehen, siehe Aufgabenteil c.)

c) Der Lichtstrahl einer Taschenlampe ist von der Seite nicht zu sehen. Dies ist erst der Fall, wenn sich im Raum genügend Staub oder feine Wassertröpfchen befinden. Man kann also Kreidestaub in den Lichtstrahl streuen oder mit einem Wassersprüher einen feinen Wassernebel in die Luft sprühen. Die feinen Staub- oder Wasserteilchen reflektieren das Licht in unser Auge.

3 Licht wird reflektiert und absorbiert

a) Um gut gesehen zu werden, sollte man helle Kleidung tragen. Die helle Kleidung reflektiert das Scheinwerferlicht eines Autos besser in die Augen des Fahrers. Zusätzlich kann man Kleidung verwenden, an der Reflektoren angebracht sind.

b) Weiße Oberflächen strahlen am meisten Licht zurück. Sie fallen so in der Nacht und bei schlechtem Wetter besser auf.

c) Licht wird von Oberflächen wie zum Beispiel einer Wand zurückgeworfen, es wird reflektiert. Je heller die Oberfläche ist, umso mehr Licht wird reflektiert. Je dunkler die Oberfläche ist umso weniger Licht wird zurückgeworfen und umso mehr Licht wird von der Oberfläche aufgenommen, d.h. absorbiert. Schwarze Körper absorbieren das gesamte Licht.

4 Mehr sehen mit Spiegeln

a) Die meisten Autos haben einen Innenspiegel und zwei Außenspiegel. LKWs haben noch weitere Spiegel. An unübersichtlichen Straßenkreuzungen und an Ausfahrten sind manchmal Verkehrsspiegel angebracht, die gewölbt sind.

b) Ein gewölbter Spiegel zeigt mehr aus der Umgebung als ein flacher Spiegel. Das Bild ist dann aber etwas verzerrt.

5 Licht – mehr als weiß

a) Beispiele für die Entstehung von Spektralfarben sind: Regenbogen, Seifenblasen, CDs, geschliffene Glasflächen, z. B. an Kristallleuchtern, Glasprisma.

b) Die Spektralfarben sind Rot, Orange, Gelb, Grün, Blau und Violett.

c) Weißlicht trifft auf die Orangen. Rot, Orange und Gelb werden reflektiert, die anderen Farbanteile werden absorbiert. Das reflektierte Licht trifft unser Auge. Farbeindruck: orange.

6 Scharf sehen mit Linsen

a) Die Sammellinse ist in der Mitte dicker als an den Seiten. Bei der Zerstreuungslinse ist es umgekehrt, sie ist in der Mitte dünner als an den Seiten.

b) Die beiden oberen Linsen sind Sammellinsen, die beiden unteren Zerstreuungslinsen.

c) Ein Kurzsichtiger sieht weiter entfernte Gegenstände nur unscharf. Sein Augapfel ist zu lang. Das scharfe Bild entsteht dann vor der Netzhaut. Bringt man vor das Auge eine Zerstreuungslinse in Form einer Brille (oder Kontaktlinsen), kann man dies korrigieren. Die Lichtstrahlen erzeugen dann wieder ein scharfes Bild auf der Netzhaut.

Zu Seite 87

1 Organsysteme: Atmung und Blutkreislauf

a) An der Atmung sind der Mund, die Nase, die Luftröhre und die beiden Lungenflügel mit den Lungenbläschen beteiligt.

b) Bei der Atmung wird Sauerstoff aufgenommen und Kohlenstoffdioxid abgegeben.

c) Der Sauerstoff geht über die Lungenbläschen ins Blut über.

d) Der Sauerstoff wird über den Blutkreislauf im ganzen Körper verteilt. Das Herz pumpt das Blut durch die Adern.

e) Die Atmung und der Blutkreislauf müssen zusammenarbeiten, weil der Sauerstoff aus den Lungen auch im gesamten Körper verteilt werden muss. Ebenso muss das Kohlenstoffdioxid aus dem Blut abtransportiert werden.

2 Bestandteile der Nahrung

a) In unserer Nahrung sind Kohlenhydrate, Eiweißstoffe und Fette enthalten.

b) Neben den drei Nährstoffgruppen benötigt unser Körper auch Vitamine, Mineralstoffe, Ballaststoffe und Wasser.

c) Die Ballaststoffe regen die Darmtätigkeit an und sorgen für ein längeres Sättigungsgefühl.

3 Nährstoffe nachweisen

a) Ich schneide die Kartoffel an und gebe auf die Schnittfläche einen Tropfen Jodlösung. Eine tiefblaue Färbung zeigt Stärke an.

b) Fette lassen sich mit der Fettfleckprobe nachweisen. Dazu gebe ich 1 Tropfen Rapsöl und daneben 1 Tropfen Zitronensaft auf ein Filterpapier. Nach einiger Zeit verschwindet der Zitronensaftfleck wieder, der Rapsölfleck bleibt. Rapsöl ist also ein Fett, Zitronensaft nicht.

4 Die Milch macht's

a) Milch kann man als vollwertiges Lebensmittel bezeichnen, weil es alle drei Nährstoffe enthält, in ungefähr gleich großer Menge. Außerdem sind in der Milch wichtige Vitamine und Mineralstoffe enthalten.

b) Calcium wird im Körper für Knochen, Zähne, Muskeln und Hormone verwendet.

c) Eine abwechslungsreiche Ernährung ist wichtig um alle lebenswichtigen Nährstoffe, Vitamine, Mineralstoffe und Ballaststoffe zu bekommen. Sie sind nämlich nicht in allen Lebensmitteln enthalten. Einseitige Ernährung kann daher zu Mangelerscheinungen und Erkrankungen führen.

5 Nahrung ist Energie

a) Heute wird der Energiegehalt eines Lebensmittels in Kilojoule (kJ) angegeben. Früher nutzte man die Einheit Kalorie oder Kilokalorie (kcal).

b) Die überschüssige Energie wird als Fett im Körper abgespeichert. Man nimmt also zu.

6 Gesunde und ausgewogene Ernährung

a) Das Essen enthält gebratenes Fleisch und gebratene Kartoffeln, insgesamt also relativ viel Fett. Es fehlen frische Lebensmittel mit Vitaminen und Ballaststoffen. Außerdem enthält ein süßes Colagetränk auch noch relativ viel Zucker. Besser wäre ein Getränk ohne Zucker.

b) Ein ausgewogenes Mittagessen sollte aus jeder Stufe der Ernährungspyramide etwas enthalten. Dabei kommt es auch immer auf die jeweils richtige Menge an. Es gibt also viele verschiedene Möglichkeiten ein ausgewogenes Mittagessen zusammenzustellen. Ein Beispiel wäre:
Vorspeise: Tomatensuppe; Hauptspeise: Hähnchenbrust mit Vollkornnudeln und frischem Gemüse; Nachspeise: Joghurt mit Früchten; Getränk: Mineralwasser.

7 Die Verdauung

a) Im Mund wird die Nahrung bereits mit den Zähnen zerkleinert und der Speichel hilft, Stärke in Zucker zu zerlegen.

b) Die Nahrung wird über den Mund aufgenommen und zerkleinert. Von dort gelangt sie über die Speiseröhre in den Magen. Danach wird sie über Dünndarm und Dickdarm bis zum After befördert. Hier verlassen die Nahrungsreste den Körper wieder.

c) Im Dünndarm nimmt das Blut die Nährstoffe aus der Nahrung auf.

8 Problem: Übergewicht

a) Wenn wir dem Körper längere Zeit mehr Energie zuführen als er benötigt, kann das zu Übergewicht führen – etwa durch zu viel Zucker oder Fett.

b) Knochen, Gelenke, Herz und Kreislauf werden stärker belastet. Das kann zu Krankheiten führen.

Zu Seite 100 und 101

1 Knochen stützen und schützen uns

a) Linkes Bild: Es ist das Skelett der rechten Hand abgebildet (der Daumen sitzt links).
Rechtes Bild. Es ist ein Röntgenbild vom Bein. Man sieht einen Teil der Unterschenkelknochen Schienbein und Wadenbein und einen Teil des Fußskeletts. Schienbein und Wadenbein sind gebrochen.

b) Gestützt wird unser Körper hauptsächlich von der Wirbelsäule. Als zentrale Achse unseres Körpers verbindet sie Kopf, Rumpf und Gliedmaßen. Im Brustkorb liegen Lunge und Herz. Die Rippen des Brustkorbs schützen diese wichtigen Organe.

2 Das Schädelskelett

a) Das Schädelskelett schützt Augen, Gehör, Geruchssinn, Geschmackssinn.

b) Unser Kopf mit Gehirn und Sinnesorganen wächst bis zum Erwachsenenalter. Erst wenn alles ausgewachsen ist, können sich die Schädelknochen endgültig schließen.

3 Die Wirbelsäule – stabil und doch beweglich

a) Die Wirbelkörper bestehen aus Knochenmaterial. Die Bandscheiben bestehen aus elastischem Knorpelmaterial.

b) Die Nervenleitungen sind im Inneren der Wirbelsäule besser geschützt.

c) Der Junge im linken Bild macht es richtig. Die Wirbelsäule bleibt gerade und die Bandscheiben werden gleichmäßig belastet. Im rechten Bild ist die Wirbelsäule stark gebogen. Hebt er in dieser Stellung das Gewicht an, werden die Bandscheiben an der Innenseite zusammengedrückt und sehr stark belastet.

4 Gelenke sorgen für Beweglichkeit

a) Kugelgelenk, Scharniergelenk.

b) Kugelgelenk: Schultergelenk; Scharniergelenk: Kniegelenk; Sattelgelenk: Daumengelenk

c) Lampe: Den Kopf kann man in alle Richtungen bewegen. Dort ist ein Kugelgelenk eingebaut, ähnlich wie das Hüftgelenk beim Menschen.
Brotkasten: Der Deckel lässt sich nur hin und zurück bewegen. Auf gleiche Weise arbeiten im Körper die Scharniergelenke, z. B. am Ellenbogen.

5 Aufbau von Gelenken

a) Die Zeichnung ist im Schulbuch auf Seite 93 oben links abgebildet.

b) Der Gelenkkopf ist so geformt, dass er genau in die Gelenkpfanne passt. Der Gelenkknorpel verhindert, dass die Knochen aufeinander reiben und dämpft Stöße ab. Die Gelenkkapsel umschließt und festigt das Gelenk. In ihr befindet sich die Gelenkschmiere, die für eine geringe Reibung sorgt. Die Gelenkpfanne nimmt den Gelenkkopf auf.

c) Die Bänder halten das Gelenk zusammen.

6 Gelenke nutzen sich ab

Im Laufe des Lebens werden die Hüft- und Kniegelenke von allen Gelenken am stärksten belastet, da sie das gesamte Körpergewicht tragen müssen.

7 Muskeln

a) Die Muskeln führen die Bewegungen des Skeletts aus.

b) Die Muskeln sind über Sehnen mit den Knochen verbunden.

c) Unterarm gestreckt: Der Muskel an der Rückseite des Oberarms (Trizeps) ist angespannt. Der Muskel an der Vorderseite des Oberarms (Bizeps) ist entspannt.
Unterarm gebeugt: Der Muskel an der Rückseite des Oberarms (Trizeps) ist entspannt. Der Muskel an der Vorderseite des Oberarms (Bizeps) ist angespannt.

d) Ein Muskel kann sich nur zusammenziehen. Will man die Bewegung in die Gegenrichtung machen, braucht man einen anderen Muskel, der diese Aufgabe übernimmt, den Gegenspieler-Muskel.

8 Muskeltraining

a) Der Muskel links ist mehr trainiert als der rechte, da er dicker ist.

b) Die Muskulatur an der Vorderseite der Oberschenkel streckt den Unterschenkel. Diese Bewegung braucht man besonders für den Schuss mit dem Ball sowie bei Sprints. Deshalb sind diese Muskeln beim Fußballspieler besonders gut trainiert.

c) Wegen des Verbands werden die Muskeln des gebrochenen Arms nicht mehr benutzt, bis der Knochenbruch verheilt ist. Da in dieser Zeit die betreffenden Muskeln nicht bewegt werden, werden sie nicht trainiert und deshalb dünner.

9 Sport im Alltag

a) Er hat sich das Schultergelenk ausgekugelt, d. h. der Gelenkkopf lag nicht mehr richtig in der Gelenkpfanne.

b) Skilanglauf ist eine gleichmäßige Ausdauersportart mit geringem Verletzungsrisiko. Skiabfahrtslauf ist eine extrem schnelle und für den Körper belastende Sportart mit hohem Verletzungsrisiko.

10 Sport ist gesund – oder?

Sport in Maßen ist gesund; man darf es aber nicht übertreiben. Manchmal kann Sport auch schädlich sein (bei bestimmten Krankheiten oder Schäden an Gelenken).

für Sport spricht	gegen Sport spricht
Sport... – stärkt die Muskulatur – beugt Haltungsschäden vor – stärkt Atmungs- und Kreislaufsystem – fördert Durchhaltevermögen und Gemeinschaftsgefühl	Sport... – kann langfristig Sehnen und Gelenke gefährden – kann Verletzungen hervorrufen – kann Konkurrenzdenken fördern

Zu Seite 113

1 Stoffe mit den Sinnen erkennen

a) Leicht zu erkennen sind zum Beispiel die Stoffe Milch, Butter, Salatöl oder Mehl.

b) Im Haushalt lässt sich Salz durch den Geschmack von Zucker unterscheiden. Im Labor dürfen allerdings keine Geschmacksproben durchgeführt werden. Hier kann man Salz von Zucker durch Untersuchen des Verhaltens beim Erhitzen unterscheiden. Salz verändert sich beim Erhitzen mit dem Brenner nicht. Zucker wird braun und schmilzt.

c) Glas, Kunststoffe und Porzellan sowie Metalle kann man oft schon am Klang erkennen, wenn man die Stoffe mit einem Löffel anschlägt.

d) Beim Schmuck fällt der Glanz der Metalle auf.

2 Aggregatzustände

a) Feste Stoffe: Besteck aus Metall, Kochlöffel aus Kunststoff, Gefäße aus Glas.
Flüssige Stoffe: Milch, Mineralwasser, Essig.
Gasförmige Stoffe: Wasserdampf, Kohlenstoffdioxid im Mineralwasser oder beim Auflösen von Brausetabletten, Campinggas.

b) Fester Zustand: Die Teilchen sind dicht gepackt und regelmäßig angeordnet. Sie schwingen auf ihren Plätzen hin und her.
Flüssiger Zustand: Die Teilchen können ihre Plätze tauschen. Sie sind unregelmäßig angeordnet, berühren sich aber noch. Sie bewegen sich schneller als im festen Zustand.
Gasförmiger Zustand: Die Teilchen sind völlig unregelmäßig im Raum verteilt. Sie sind weit voneinander entfernt und bewegen sich sehr schnell. Skizzen dazu sind im Schulbuch auf S. 106 und S. 112.

3 Stoffe mit Hilfsmitteln erkennen

a) Eisen ist magnetisch.

b) Man baut zunächst einen offenen Stromkreis mit einer Batterie (oder Netzgerät), einer geeigneten Glühlampe und elektrischen Kabeln mit zwei freien Enden auf. Dann schließt man den Stromkreis an den beiden Kabelenden und prüft so, ob der Stromkreis funktioniert, also das Lämpchen leuchtet. Zum Testen der Leitfähigkeit verschiedener Stoffe werden diese nacheinander mit den beiden Kabelenden berührt. Leuchtet die Lampe auf, ist der betreffende Stoff elektrisch leitend.

c) In Haushalt und Technik wird in elektrischen Leitungen hauptsächlich das Metall Kupfer eingesetzt. Es ist ein guter elektrischer Leiter und ist sehr biegsam. Außerdem rostet es nicht.

d) Wasserlöslich: Kochsalz, Luft, Essig, Kohlenstoffdioxid, Zucker. Nicht wasserlöslich: Speiseöl

4 Ähnliche Stoffe unterscheiden

a) Geschmacksproben sind im Labor streng verboten, da im Labor oft auch gesundheitsschädliche oder sogar giftige Stoffe vorhanden sind. Außerdem können harmlose Stoffe durch schädliche Stoffe verunreinigt sein.

b) Als erstes werden die drei Stoffe in Wasser gegeben. Zwei Stoffe sind löslich, ein Stoff ist unlöslich – das ist Kalk. Die beiden verbleibenden Stoffe werden im Verbrennungslöffel über dem Brenner erhitzt (Schutzbrille). Ein Stoff ändert sein Aussehen nicht, das ist Kochsalz. Der zweite Stoff verfärbt sich beim Erhitzen, wird braun und schmilzt – das ist Zucker.

5 Steckbriefe von Stoffen

a) Es werden die wichtigsten Eigenschaften eines Stoffes zusammengestellt. Dies ergibt den Steckbrief.

b) Es ist der Steckbrief des Metalls Kupfer.

6 Der Schein trügt

Die Münzen bestehen innen aus Eisen, das außen sichtbare Kupfer ist hier nur ein dünner Überzug.

Zu Seite 125

1 Reinstoffe und Gemische

a) Ein Reinstoff enthält nur eine Teilchensorte. Die Teilchen sind alle gleich. Ein Stoffgemisch enthält verschiedene Teilchensorten.

b) Reinstoffe: Zucker, Aluminium
Stoffgemische: Müsli, Milch

2 Vielfältige Gemische

a) Suspension: Sand-Wasser-Gemisch
Lösungen: Mineralwasser, Teegetränk

b) Zucker und Wasser: Lösung
Salz und Zucker: Gemenge
Öl und Wasser: Emulsion
Sand und Wasser: Suspension

3 Trennung von Gemischen

a) Das Gemenge Sand-Wasser kann durch Filtrieren getrennt werden.

b) Durch Eindampfen. Die Lösung wird erhitzt, das Lösungsmittel Wasser verdampft, das Salz bleibt im Gefäß zurück.

c) Durch Filtrieren des Gemisches wird Wasser abgetrennt. Im Filter bleibt ein Gemenge von Eisenkugeln, Holzspänen und Kies übrig. Danach werden die Eisenkugeln mit Hilfe eines Magneten aus dem Gemenge entfernt. Die Holzspäne können mit Hilfe eines Föns aus dem Kies-Holzspäne-Gemenge

geblasen werden (Windsichten). Kies und Holzspäne lassen sich aber auch durch Zugabe von Wasser trennen (Schwimm-Sink-Trennung): Die Holzspäne schwimmen oben und können abgeschöpft werden.

4 Trennverfahren im Alltag

Das Kaffeepulver gibt man in den Filter mit dem Filterpapier. Dann gießt man heißes Wasser darauf. Durch die kleinen Poren des Filterpapiers kann nur das flüssige Kaffeegetränk hindurch. Das feste Kaffeepulver ist zu groß. Es wird im Filter festgehalten.

5 Technische Trennverfahren

Durch die Einwirkung der Sonnenwärme verdunstet das Wasser. In den Becken bleibt das Salz zurück.

6 Mülltrennung

a) Wertstoffe sind Bestandteile des Mülls, die weiterverarbeitet werden können; sie besitzen noch einen Wert. Beispiele hierfür sind: Papier, Glas, Metalle, Kunststoffe.

b) Durch das Windsichten kann man leichte von schwereren Stoffen trennen. So können zum Beispiel Papier, Pappe, Holzspäne und Kunststoffe aus dem Müll abgetrennt werden.

c) Bei der Schwimm-Sink-Trennung nutzt man das unterschiedliche Schwimmverhalten von Stoffen aus. Damit kann man zum Beispiel Papier, Holz und Kunststoffe von Metallen trennen.

7 Recycling

a) Recycling ist das Wiederverwerten von Wertstoffen, zum Beispiel von Papier, Glas, Kunststoffen und Metallen.

b) Altglas wird zunächst nach Farben getrennt. Dann wird es zerkleinert. Fremdstoffe wie Verschlüsse und Deckel werden abgetrennt. Anschließend wird das Glas geschmolzen. Aus der Schmelze werden wieder Glasprodukte hergestellt.

8 Pfand auf Pappbecher?

Mögliche Argumente für ein Pfand:
- durch Rückgabe des Bechers sachgerechte Entsorgung
- weniger Müll, geringere Umweltverschmutzung
- es werden weniger Getränke in Pappbechern gekauft.

Mögliche Argumente gegen ein Pfand:
- höherer Aufwand für den Käufer
- höherer Aufwand für den Verkäufer
- bei Veranstaltungen ggf. lange Wartezeiten bei der Rückgabe.

Stichwortverzeichnis

Stichwortverzeichnis

|3M Deutschland GmbH, Neuss: 56.1. |Alamy Stock Photo (RMB), Abingdon/Oxfordshire: Construction Photography 44.1. |Astrofoto, Sörth: 53.1, 53.2. |BilderBox Bildagentur GmbH, Breitbrunn/Hörsching: 125.1. |bildunion GmbH, Ladenburg: Hansen, Jan-Dirk 34.3. |Blickwinkel, Witten: Linke, R. 56.3. |Böthling, Jörg, Hamburg: 15.2. |Braun, Joachim, Uslar: 34.2. |BVMed-Bilderpool, Berlin: CeramTec AG, Geschäftsbereich Medizintechnik 100.7. |Druwe & Polastri, Cremlingen/Weddel: 10.1, 62.5, 63.1, 66.2, 66.3, 107.2. |F1online, Frankfurt/M.: K. Holzhauser/MEV 23.1. |Fabian, Michael, Hannover: 28.1, 77.1, 77.2, 110.4, 116.3, 124.4. |fotolia.com, New York: .shock 54.2; ampFotoStudio.com 107.3; Andress, Simone 114.5; contrastwerkstatt 81.4; creativeyes 97.2; Danti, Andrea 58.5; djama 109.2; Ernst, Daniel 16.3; ExQuisine 106.2; grafikplusfoto 26.1; Haub, Frank F. 88.3; Igor Korionov 61.1; Jakub Krechowicz 23.3; Kadmy 81.2; Kaljikovic, Amir 18.5; kanvag 120.2; Kautz15 60.3; Kzenon 35.4; lassedesignen 66.4; Le Do 74.2; Lsantilli 87.1; Markus Mainka 104.5; McCarty, Scott 67.1; Nesswetha, Alfred 106.5; pavantt 45.2; Picture-Factory 81.3; PRILL Mediendesign 22.2; racamani 19.2; Sanders, Gina 58.2; Sandor Jackal 38.4; Schmidt, Horst 25.3; Subbotina Anna 10.4; Thaut Images 9.1; W., Renate 18.7; yannick saint-andre 60.2; Yemelyanov, Maksym 103.2. |Getty Images, München: Vine 94.2. |Helga Lade Fotoagenturen GmbH, Frankfurt/M.: Postl 31.5. |iStockphoto. com, Calgary: Getty Images 23.2, 61.2, 81.1, 85.1, 123.1; hadynyah 5.1, 102.1; Ilgaz, G. 81.5; kaewphoto 3.2, 24.1, 30.1, 38.1, 39.1, 40.1, 41.1, 45.1, 46.1, 47.1, 54.1, 55.1, 64.1, 65.1, 66.1, 70.1, 71.1, 76.1, 86.1, 90.1, 96.1, 97.1, 99.1, 104.1, 105.1, 110.1, 112.1, 118.1, 119.1, 120.1, 121.1, 124.1, 133.1, 134.1, 135.1, 136.1, 139.1, 139.2, 139.3, 139.4, 139.5; koldunova 31.6; Nadezhda1906 9.2; Salcedo, Jorge 60.4. |Keis, Heike, Rödental: 14.2, 26.3, 50.5. |Keystone Pressedienst, Hamburg: Volkmar Schulz 105.4, 110.5, 122.1. |Kollmann, Karl-Bernd, Castrop-Rauxel: 105.2. |Kruse, Wankendorf: 83.1. |laif, Köln: Langrock/Zenit 31.1. |LOKOMOTIV Fotografie, Stadtlohn: Thomas Willemsen 106.1. |Lüddecke, Liselotte, Hannover: 96.3, 96.4, 96.5, 96.6. |Lyß, Dr. Guido, Wolfenbüttel: 92.3. |mauritius images GmbH, Mittenwald: Haag+Kropp 17.3; imagebroker/Bahnmueller 117.3; Jose Fuste Raga 15.1; Michael Zirn 52.2. |Minkus Images Fotodesignagentur, Isernhagen: 74.4, 74.5, 75.1, 78.1, 78.2, 78.3, 78.4, 78.5, 78.6, 79.1, 79.2, 79.3, 79.4, 79.5, 94.1, 95.1, 95.2, 96.7, 96.8, 96.9, 96.10, 98.1, 100.5, 100.6, 116.4, 124.5. |OKAPIA KG - Michael Grzimek & Co., Frankfurt/M.: Bruno Meier 62.1. |PantherMedia GmbH (panthermedia.net), München: ruslanchik 106.6; tudor antonel adrian 14.1. |photothek, Radevormwald: T. Koehler 31.3. |PHYWE Systeme GmbH & Co. KG, Göttingen: 25.1. |Picture-Alliance GmbH, Frankfurt a.M.: 84.1; ASA 117.2; dpa 17.2; dpa/Priebe, Rene 34.1; dpa/Roland_Scheidemann 121.3; dpa/Waßmuth, Jürgen 31.7; Yvan Travert/akg-images 119.2, 124.6; ZB/Ronald Bonß 59.1. |Pitopia, Karlsruhe: 2006 Dietrich, Marc 113.1. |Reinbacher, Dr. med. Lothar, Kempten: 88.2, 100.2. |Rixe, Dieter, Braunschweig: 18.2, 43.3. |Schwanke + Raasch GbR, Langenhagen: 120.3, 124.8. |Science Photo Library, München: SPL 100.3. |Shutterstock.com, New York: 2xSamara.com 73.1; AJP 18.4; Alberto Zornetta 18.6; Alexander Y 88.1; baibaz 103.1; Bartkowski 60.5; djgis Titel; Dmitry Lobanov 85.2, 85.3; Erni 44.3; Fanfo 10.3; FotograFFF 57.1; Fotokostic 69.2; Franz Metelec 24.2; Georgii Shipin 57.2; Gilles Paire 119.3; Igor Karasi 16.1; imtmphoto 84.2; JaySi 4.1, 68.1; Jerome Scholler 22.1; Joana Lopes 18.3; kryzhov 20.2; Lestertair 106.4; Louro, Luis 107.1; MaraZe 69.1; Miroslav Hlavko 10.2; Natalia Klenova 60.1; Novak_N 45.3; Pierre Leclerc 58.1; Roman Sakhno 50.1; Rudmer Zwerver 80.1; SvetlanaFedoseyeva 20.1; Syda Productions 44.5; Thomas Hecker 93.1; Twin Design 3.1, 8.1, 31.2; Wolfgang Zwanzger 31.8. |Simper, Manfred, Wennigsen: 16.2, 16.4, 17.1, 25.2, 30.2, 30.3, 30.4, 31.4, 32.1, 36.1, 36.2, 36.3, 37.1, 38.3, 39.2, 39.3, 39.4, 39.5, 41.2, 42.3, 43.1, 43.2, 46.2, 46.3, 48.1, 48.2, 48.3, 48.4, 48.5, 49.1, 49.2, 49.3, 49.4, 49.5, 50.2, 50.3, 50.4, 51.1, 54.3, 56.2, 58.3, 58.4, 60.6, 62.2, 62.3, 62.4, 62.6, 64.2, 64.3, 67.2, 74.1, 74.3, 87.2, 92.1, 92.2, 94.3, 94.4, 100.1, 100.4, 104.2, 106.3, 108.3, 108.4, 110.2, 110.3, 110.6, 110.7, 111.1, 111.2, 111.3, 111.4, 112.9, 112.10, 113.2, 113.3, 113.4, 114.2, 114.3, 114.4, 114.6, 114.7, 116.1, 117.1, 120.4, 121.2, 122.2, 122.3, 122.4, 124.2, 124.7, 125.2. |Sto SE & Co. KGaA, Stühlingen: 44.2, 44.4. |Studio Schmidt-Lohmann, Gießen: 19.1, 52.1, 105.3. |Tegen, Hans, Hambühren: 13.1, 26.2, 27.1, 27.2, 34.4, 35.1, 35.2, 35.3, 35.5, 38.2, 42.1, 42.2, 47.2, 47.3, 52.3, 55.2, 61.3, 77.3, 104.3, 104.4, 108.1, 108.2, 109.1, 112.2, 112.3, 112.4, 112.5, 112.6, 112.7, 112.8, 114.1, 115.1, 115.2, 116.2, 117.4, 123.2, 124.3. |Visum Foto GmbH, München: Andia 18.1. |Willemsen, Thomas, Stadtlohn: 101.1. |www.roggenthin.de, Nürnberg: 96.2.